El desafío del amor: Estudio bíblico

MICHAEL CATT

ALEX KENDRICK

STEPHEN KENDRICK

Según lo desarrolló Matt Tullos

LifeWay Press®
Nashville, Tennessee

Publicado por LifeWay Press © Copyright 2009 • Sherwood Bible Church
Segunda reimpresión, noviembre de 2009

LifeWay Press, One LifeWay Plaza, Nashville, TN 37234-0175.

ISBN: 9781415868348
Item 005257233

Este libro es el texto para el curso CG-1478 en el área de Vida Personal y Estudio Bíblico en el Plan de Estudio de Desarrollo Cristiano

Clasificación Decimal Dewey 220.07
Subdivisión: Estudio Bíblico/Amor/Matrimonio

Para ordenar copias adicionales escriba a LifeWay Church Resources Customer Service, One LifeWay Plaza, Nashville, TN 37234-0113; FAX (615) 251-5933; teléfono 1-800 257-7744 ó envíe un correo electrónico a customerservice@lifeway.com. Le invitamos a visitar nuestro portal electrónico en *www.lifeway.com/espanol* donde encontrará otros muchos recursos disponibles. También puede adquirirlo u ordenarlo en la librería LifeWay de su localidad o en su librería cristiana favorita.

Impreso en los Estados Unidos de América

Leadership and Adult Publishing, LifeWay Church Resources;
One LifeWay Plaza, Nashville, TN 37234-0175

Contenido

Acerca de los autores

MICHAEL CATT ha sido el pastor principal de la Iglesia Bautista Sherwood en Albany, Georgia, desde 1989. En ese papel ha servido como Productor Ejecutivo de los filmes de Sherwood: FLYWHEEL, FACING THE GIANTS y FIREPROOF. Sherwood Pictures es el ministerio cinematográfico de la Iglesia Bautista Sherwood. Además de su ministerio de predicación, Michael es autor, editor y líder de su denominación. "No hacemos nada de esto para que la gente nos dé palmaditas en la espalda. Lo hacemos para la gloria de Dios".

ALEX KENDRICK se unió al equipo de trabajo de Sherwood en 1999 como pastor asociado de los medios de comunicación para supervisar los ministerios de televisión, radio y cine de la iglesia. FIREPROOF es la tercera película que dirige Alex y que escribió con su hermano Stephen. Él también enseña en un estudio bíblico semanal por televisión que lleva el nombre de *Home Connection*. Es coautor con Stephen de *El desafío del amor*, una fuente vital para este estudio bíblico.

STEPHEN KENDRICK ha servido como pastor asociado de enseñanza en Sherwood desde 2001. Stephen y Alex ayudaron a desarrollar materiales para estudios bíblicos y otros recursos para las iglesias en relación con FACING THE GIANTS y FIREPROOF, este último incluye el diario *El desafío del amor*, un reto de cuarenta días para que las parejas entiendan y practiquen el amor incondicional.

MATT TULLOS lleva más de 20 años interpretando la verdad del evangelio para los jóvenes y adultos mediante los ministerios de predicación, enseñanza, escritura y el teatro. Ha servido en cinco iglesias como pastor de jóvenes, pastor asociado y pastor. En la actualidad Matt es el pastor de la Iglesia Bautista Bluegrass en Hendersonville, Tennessee.

Para obtener más información acerca de la película, la iglesia y los autores, visite www.fireproofthemovie.com y www.LoveDareBook.com.

Acerca de este estudio

¡Prepárese! Está a punto de embarcarse en una jornada que puede ser de gran beneficio para usted, su cónyuge y la vida que ustedes llevan juntos. Cada semana *El desafío del amor: Estudio bíblico* le presentará un reto para pensar de manera diferente y como resultado, aprender, expandirse y crecer tanto individualmente como en pareja a medida que se atreven a vivir una vida de amor desinteresado y sacrificado.

RECURSOS PARA EL LÍDER DE GRUPO
- DVD con fragmentos educativos de la película
- Verdades poderosas de El *desafío del amor* (CD-ROM), y otros artículos en CD según se necesiten
- Libro El *desafío del amor: Estudio bíblico* del alumno para cada asistente
- Diario El *desafío del amor* para cada asistente
- Biblias para cada asistente

COMPONENTES DE CADA SESIÓN

Encienda. Esta sección incluye preguntas desenfadadas y cautivadoras que están diseñadas para animar al grupo y prepararlo para un debate significativo a lo largo de toda la sesión.

Repaso de El desafío del amor. Cada sesión en grupo (excepto la sesión I) incluye un tiempo para repasar las ideas y beneficios que usted puede haber obtenido como individuo o pareja luego de haber participado en El desafío del amor durante la semana anterior.

Prepárese. Esta sección interactiva del estudio bíblico es el núcleo de cada sesión. La meta es que el grupo descubra las verdades bíblicas al ver un fragmento de la película FIREPROOF, y luego permitir que el Espíritu Santo dirija comentarios abiertos e interesantes que produzcan las herramientas necesarias para un matrimonio que agrade a Dios.

Extinción de incendios. Esta sección continúa con el tiempo de estudio bíblico pero con énfasis en llevar a los miembros del grupo a integrar a sus vidas las verdades que han descubierto para transformar sus matrimonios.

A prueba de incendios. Esta sección se enfoca en más aplicaciones, oraciones y oportunidades para que usted se comprometa con Dios y con su cónyuge a medida que trabaja para que su matrimonio esté a prueba de incendios.

Pacto del grupo

A medida que su grupo comience este estudio, es importante que usted trate los valores del grupo. El momento más idóneo será la primera sesión. Es vital que hagan un pacto juntos, poniéndose de acuerdo para vivir estos principios importantes. Una vez que acuerden los mismos, su grupo estará listo para experimentar la comunidad cristiana.

Prioridad: Mientras estemos estudiando este curso, daremos prioridad a las reuniones del grupo y a los compromisos con nuestro matrimonio.

Participación: Se exhorta a todos a participar. Ninguna persona domina.

Respeto: Todos tenemos el derecho de tener una opinión propia, así que se animarán y respetarán todas las preguntas. Los cónyuges se respetarán uno al otro al reaccionar en el grupo.

Confidencialidad: Jamás se repetirá fuera de la reunión lo que se diga en esta.

Cambio en la vida: Durante las próximas ocho semanas evaluaremos las metas para cambiar nuestras vidas y nos animaremos unos a otros en la búsqueda individual de llegar a ser más semejantes a Cristo.

Atención y apoyo: Se da permiso para llamarnos unos a otros en cualquier momento, especialmente en momentos de crisis. El grupo ofrecerá atención y apoyo a cada miembro.

Responsabilidad: Estamos de acuerdo en que los miembros del grupo nos pidan cuentas, según la manera bondadosa que acordemos, por los compromisos que hagamos.

Estoy de acuerdo con todo lo anterior _____

Fecha: _____

Dirija su corazón

PRIMERA SESIÓN

Este estudio trata acerca del amor, tanto de lo
que es como de lo que no es (1 Corintios 13).

Esta experiencia está relacionada con
aprender y atreverse a vivir una vida
llena de relaciones afectuosas.

Su travesía comienza con la persona
más cercana a usted: su cónyuge.

Encienda

IDEAS Y TEMAS DE CONVERSACIÓN PARA COMENZAR

Usted se ha unido a otros que están en esta misma travesía importante. Preséntese a sus compañeros de viaje.

Y ahora permanecen la fe, la esperanza y el amor, estos tres; pero el mayor de ellos es el amor

1 CORINTIOS 13:13

1. La película FIREPROOF es un factor principal en el tiempo que pasaremos juntos. Si se hiciera una película acerca de su vida, ¿de cuál género sería? ¿Por qué?

   ❏ Suspenso   ❏ Acción/Aventuras

   ❏ Drama   ❏ Comedia romántica

   ❏ Tragedia   ❏ Historia de amor

   ❏ Terror

   ¿Quién haría de usted? ¿Quién haría de su cónyuge? (¡No se permite un mal reparto!)

Episodios cómicos… escenas dramáticas… misterios emocionantes todavía por resolver, todos estamos en diferentes "actos" y "escenas" en nuestros matrimonios.

No importa dónde esté usted o dónde usted o su cónyuge piense que deben estar, usted está invitado a un proceso único y transformador de vidas: una travesía para explorar y demostrar el amor genuino, incluso, aunque no tenga deseos y la motivación sea escasa.

Parece que a cada instante nuestra cultura nos bombardea con diferentes mensajes acerca del amor.

2. En general, ¿qué nos dice nuestra sociedad acerca de lo que es el amor? ¿Y de seguir a nuestros corazones?

¿Qué frases, títulos o situaciones en los medios de comunicación (canciones, películas, televisión) promueven la idea de seguir a su corazón?

Al pensar en la condición de su corazón en este momento, haga un círculo alrededor de las palabras que vengan a su mente:

frío   cínico   feliz   cansado

enojado   lleno de alegría   otro: _____

Según Santiago 3:14-15 (al margen), ¿cómo puede un corazón amargo o enojado llevar a una persona (y a un matrimonio) por un camino equivocado?

"Pero si tenéis celos amargos y contención en vuestro corazón, no os jactéis, ni mintáis contra la verdad; porque esta sabiduría no es la que desciende de lo alto, sino terrenal, animal, diabólica".

SANTIAGO 3:14-15

Seguir nuestro corazón sería bueno si siempre fuéramos amorosos, si estuviéramos en sintonía con Dios y deseáramos lo correcto. Sin embargo, ya que los seres humanos somos egoístas, orgullosos y a menudo engañados, seguir nuestros corazones no siempre pudiera llevarnos a hacer lo correcto.

Describa una ocasión en la que usted siguió su corazón y luego se arrepintió.

"Si el amor solo es esta emoción abrumadora con respecto a la cual no podemos hacer nada, entonces ningún matrimonio está a salvo".

VODDIE BAUCHAM

**MOMENTOS DE
LA PELÍCULA**
Vea el fragmento 1 de
FIREPROOF "Para bien
o para mal". Coméntelo
usando las actividades 3 a 5.

Prepárese

EL ESTUDIO PERTINENTE DE LAS ESCRITURAS

Cada aspecto de la vida, incluyendo el matrimonio, recibe el impacto de la dirección de su corazón.

3. **En su opinión, ¿qué cree Caleb Holt que significa estar "enamorado"?**

4. **¿Por qué cree usted que el teniente Michael Simmons dijo: "Lo triste es que cuando la gente dice 'para bien o para mal', solo lo dice 'para bien'?"**

Michael le recordó a Caleb: "Ese anillo en tu dedo significa que hiciste un compromiso de por vida".

*"Porque donde esté vuestro
tesoro, allí estará también
vuestro corazón."*

MATEO 6:21

5. **Recuerde el día de su boda y el intercambio de anillos y votos. ¿Estaba usted haciendo un compromiso de amar a su cónyuge de por vida, incondicionalmente? ¿Cómo va ese compromiso?**

Seguir nuestros corazones a menudo significa ir tras aquello que parece correcto en el momento. Nuestras emociones y sentimientos pueden ser engañosos y llevarnos por el camino equivocado. Proverbios 16:25 advierte: "Hay camino que parece derecho al hombre, pero su fin es camino de muerte".

Su corazón sigue a sus inversiones porque sus inversiones son aquellas cosas en las que usted vierte su tiempo, su dinero y su energía. Tiene sentido que estas muevan su corazón porque sus inversiones reflejan sus prioridades.

6. **Si la semana pasada fue típica para usted, úsela para evaluar sus inversiones. ¿En cuáles de estas esferas invirtió usted tiempo, energía o dinero de manera significativa? Trate de recordar porcentajes reales de tiempo invertido y actividades relacionadas.**

Trabajo

Hobby (especifique)

Retiro

Cónyuge

Hijos

Iglesia

Amigos

Estatus/riqueza

¿Cómo el verdadero uso de tiempo, energía y dinero corresponde con las prioridades que usted ha planteado?

"No os hagáis tesoros en la tierra, donde la polilla y el orín corrompen, y donde ladrones minan y hurtan; sino haceos tesoros en el cielo, donde ni la polilla ni el orín corrompen, y donde ladrones no minan ni hurtan."

Mateo 6:19-20

"Si hoy no estás enamorado de tu cónyuge, quizás se deba a que ayer tu interés dejó de estar allí".

EL DESAFÍO DEL AMOR, "¿CÓMO GUÍO MI CORAZÓN?" PÁGINA 213

7. Basado en el consejo de Michael a Caleb, ¿qué había aprendido Michael acerca del corazón?

**MOMENTOS DE
LA PELÍCULA**

Vea el fragmento 2 de
FIREPROOF "Dirija su
corazón". Coméntelo
usando las actividades 7 y 8.

"Durante un año horrible me casé por razones equivocadas y luego me divorcié por razones equivocadas… Pensé que hacía lo que dictaba mi corazón. Tienes que dirigir tu corazón".

Dirigir su corazón significa

- Asumir total responsabilidad de la condición y dirección de su corazón.
- Entender que usted controla el lugar en el que se encuentra su corazón.
- Pedirle a Dios fortaleza para guardar o proteger su corazón al quitarlo de las cosas equivocadas y ponerlo en las correctas.

Si usted decide dirigir su corazón para invertir en su cónyuge, entonces es más probable que su cónyuge se convierta en su tesoro.

8. En la lista anterior, haga un círculo alrededor de las acciones que usted intentará. Ore por la afirmación que aparece en cursivas.

**OTROS PASAJES PARA
GUIAR TU CORAZÓN**

1 Reyes 8:61

Proverbios 23:17, 19, 26

Juan 14:27-28

Filipenses 2:3

2 Timoteo 2:22

Santiago 4:8; 5:8

El amor es una decisión y no solo un sentimiento. Es desinteresado, sacrificado y transformador. Y cuando el amor se demuestra verdaderamente, como se espera que se haga, su relación puede sufrir un cambio beneficioso.

Extinción de incendios

Obligar a las parejas a transformar sus matrimonios

"Examíname, oh Dios, y conoce mi corazón; pruébame y conoce mis pensamientos; y ve si hay en mí camino de perversidad, y guíame en el camino eterno".

Salmo 139:23-24

Poner su corazón en las cosas correctas puede ser un compromiso constante y no solo un intento ocasional.

9. **Si usted pusiera su corazón bajo el mismo microscopio que usó el salmista David en el Salmo 139, pidiéndole a Dios que examinara y conociera su corazón, ¿qué descubriría usted?**

"Sobre toda cosa guardada, guarda tu corazón; porque de él mana la vida".

Proverbios 4:23

10. **¿De qué cosas necesita usted comenzar a cuidar su corazón como recomienda el proverbio?**

"Mi corazón incliné a cumplir tus estatutos de continuo, hasta el fin".

Salmo 119:112

11. **¿Qué cree usted que quiso decir el salmista David en el Salmo 119:112 cuando decidió inclinar su corazón a los estatutos de Dios "hasta el fin"?**

David estaba completamente decidido, totalmente enfocado en la dirección correcta, enteramente comprometido a seguir los caminos de Dios durante el resto de su vida.

"Oye, hijo mío, y sé sabio, y endereza tu corazón al camino".

Proverbios 23:19

A prueba de incendios

COMPROMETERSE MEDIANTE LA REFLEXIÓN Y LA ORACIÓN

"Si, pues, habéis resucitado con Cristo, buscad las cosas de arriba".
COLOSENSES 3:1

Hacer que su matrimonio esté a prueba de incendios requiere el mismo tipo de compromiso. No espere hasta que hacer lo correcto parezca correcto. No espere a sentirse enamorado de su cónyuge para disponer su corazón e invertir en su relación. Comience ahora mismo a verter en su matrimonio. Vuelva a configurar las coordenadas de su matrimonio e invierta en aquellas esferas en las que se espera que esté su corazón.

ORACIÓN POR UN CORAZÓN TRANSFORMADO

"[El amor] Todo lo sufre, todo lo cree, todo lo espera, todo lo soporta. El amor nunca deja de ser; pero las profecías se acabarán, y cesarán las lenguas, y la ciencia acabará".
1 CORINTIOS 13:7-8

Señor Jesús, amo de nuestros corazones,
estamos desesperados por ver tu reino, con poder y majestad,
en nuestros matrimonios.
Vemos la necesidad de crecer emocionalmente y ser más dedicados.
Señor, enséñanos a guardar y a guiar nuestros corazones
de acuerdo a tu voluntad.
Esta semana danos el poder para cambiar viejos hábitos y liberarnos
de viejas costumbres a medida que redirigimos las coordenadas de
nuestros corazones hacia ti y el uno hacia el otro.
Maestro de nuestras vidas, ¡pedimos tu ayuda y tu valor! Amén.

VIVIR ESTA SEMANA EL DESAFÍO DEL AMOR

Cuando esta semana comience a leer las lecturas de *El desafío del amor*, lea:

Introducción y Días 1-5
Apéndice 4 (préstele especial atención)

El poder de la influencia

SEGUNDA SESIÓN

Si usted no está guiando su corazón,
entonces alguien o algo diferente lo está
haciendo. Las personas que usted escucha
y las influencias que permite en su vida
hacen mella en su destino como pareja.

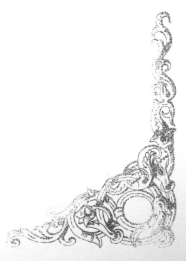

Encienda

IDEAS Y TEMAS DE CONVERSACIÓN PARA COMENZAR

1. **Disfrute el permitir que su grupo le dé un vistazo a la historia de su vida y su matrimonio. ¿Cómo conoció usted a su pareja?**

   ¿Qué locura han hecho juntos como pareja?

   ¿Hay alguna pareja cuyo matrimonio usted admire?

"Someteos, pues, a Dios; resistid al diablo, y huirá de vosotros"

SANTIAGO 4:7

SU DESAFÍO DEL AMOR EN ACCIÓN

Los días del 1-5 en El *desafío del amor* les retaron a vivir con amabilidad y paciencia el uno para el otro.

2. **¿Cuál fue el resultado más significativo de su experiencia con El *desafío del amor* la semana pasada?**

   ¿Cuán desafiante fue "demostrar paciencia y no decir absolutamente nada negativo acerca de su cónyuge"?

Si la semana pasada le desafió, reconozca que tiene un enemigo que detesta que usted haya escogido participar en este diario para demostrar amor genuino. Pero usted también tiene un Dios cuyo poder es mayor y quien honrará su compromiso para con su matrimonio.

El amor requiere consideración de ambas partes, el tipo de consideración que construye puentes mediante la combinación edificante de paciencia, amabilidad y desinterés. El amor nos enseña cómo llegar a un mutuo acuerdo, a respetar y apreciar la manera exclusiva de pensar de nuestro cónyuge.

¿Le sorprendería descubrir que el éxito de su matrimonio está directamente relacionado con las influencias que le rodean? Analicemos juntos las influencias tanto positivas como negativas en nuestras vidas y en nuestro amor.

3. ¡Es difícil cultivar una rosa en una casa que arde! ¿Cómo refleja el estado de muchos matrimonios actuales la metáfora de un incendio desaforado?

> "Una mujer es como una rosa. Si la tratas bien, florecerá, si no, se marchitará."
>
> MICHAEL EN FIREPROOF

¿Cómo nuestra cultura hace que sea difícil triunfar en el matrimonio?

¿Cuáles de estas influencias representa la mayor amenaza para los matrimonios de hoy día?

Peligros de incendio

_____ Medios de comunicación/Internet

_____ Relaciones   _____ Trabajo

_____ Dinero/deudas   _____ Horarios

_____ Recreación   _____ Otro:

¿Cuáles otros también tienen la posibilidad de tener un impacto positivo en las relaciones?

Prepárese

INVOLÚCRESE EN UN ESTUDIO PERTINENTE DE LAS ESCRITURAS

MOMENTOS DE LA PELÍCULA

Vea el fragmento 3 de FIREPROOF "Él dice, ella dice/llamada telefónica". Coméntelo usando la actividad número 4.

"No todos tienen lo necesario para ser buenos amigos… A decir verdad, cualquier persona que socave tu matrimonio no merece recibir el título de 'amigo'".

EL DESAFÍO DEL AMOR, DÍA 23.

Al analizar el matrimonio de Caleb y Catherine, trate de responder por sí mismo ¿quién o qué está hablándome al oído?

4. **¿Qué influencias percibe usted en la conversación de Catherine con sus amigas? ¿En la llamada telefónica de Caleb a su padre? En la descripción que sigue en la película, haga un círculo alrededor de las influencias positivas y subraye las influencias negativas de cada cónyuge.**

En estas y otras escenas de FIREPROOF, Caleb y Catherine se están alejando el uno del otro. En una ocasión Catherine recibió aliento con los consejos de su madre, pero ahora falta ese apoyo. Palabras ásperas, ira y falta de respeto caracterizan su trato a Caleb. La presión de las amigas aleja a Catherine de Caleb y la empujan a considerar el divorcio. Gavin representa todo lo que parece faltarle a Caleb, mientras que poco a poco Catherine da pasos que la alejan de Caleb y la llevan a otro.

El padre de Caleb (y su madre) lo animan y oran por él. La compra del barco es para Caleb una prioridad mayor que su esposa. En un trabajo de mucha presión y peligro, Caleb encuentra un verdadero amigo en Michael. Las palabras y el matrimonio de Michael son testimonio de un matrimonio redentor y piadoso. Se intensifican la ira de Caleb junto con su adicción al Internet.

El *desafío del amor* es parte de lo que ayudó a Caleb a comprender su necesidad de Dios y a entender la única manera de amar a su esposa incondicionalmente.

Amigos bien intencionados, en un esfuerzo por buscar lo que es mejor para nosotros, pueden ser una influencia negativa muy grande. Incluso, algunos de los amigos de Jesús, por amor a él, ¡trataron de convencerlo para que no fuera a la cruz!

¿Son sus amigos más íntimos campeones a favor de su matrimonio o enemigos de este? Cualquiera que socave su matrimonio no merece ser llamado amigo. Escoja sus amigos con mucho cuidado.

> Oye Daniel,
> Pensé en mandarte este correo porque sé que estás pasando por un momento difícil. Sé que estás comprometido con tu matrimonio pero si no eres feliz, tal vez debas divorciarte. Sé que te preocupan tus hijos pero recuerda que los hijos pasan por el divorcio de los padres y salen bien.
>
> Además, si realmente quieres ayudarlos, vas a tener que buscar tu propia alegría y en tu matrimonio realmente parece que no hay alegría. Es solo el consejo de un amigo...

"el diablo... es mentiroso, y padre de mentira"

JUAN 8:44

5. **¿Qué mentiras acerca del matrimonio apoya el amigo de este correo?**

MÁS ACERCA DEL PODER DE LAS INFLUENCIAS
Proverbios 1:10-15
Proverbios 27:12
Eclesiastés 4:5-7
Mateo 5:29
1 Corintios 12:2
Hechos 9:31

6. **Según Proverbios 20:8: "El rey que se sienta en el trono de juicio, con su mirar disipa todo mal" ¿Cómo este proverbio anima a un cónyuge sabio a reaccionar ante las influencias negativas en el matrimonio?**

Este proverbio establece un contraste entre la sabiduría y la necedad. Un cónyuge sabio es capaz de reconocer las influencias que pudieran dañar su matrimonio y rápidamente desvía la atención de las mismas ("con su mirar disipa todo mal"). Aunque algunas influencias son fáciles de detectar, otras, a la hora de reconocerlas, implican un desafío mayor.

7. **Ahora observen su propia situación. Como cónyuges, enumeren las influencias positivas y negativas en su matrimonio. (Además, vuelva a leer las páginas 17-18.)**

	Influencias positivas	*Influencias negativas*
Esposo		
Esposa		

PARA OBTENER AYUDA, CONSIDERE ESTOS VERSÍCULOS…
Tito 2:2-3
Proverbios 31

En el fragmento "Él dice, ella dice", Caleb le dijo a Michael: "Nuestro matrimonio fue bueno hasta este año". ¿Cree usted que esto sea cierto? ¿Por qué o por qué no?

En realidad, el matrimonio de Caleb y Catherine llevaba tiempo debilitándose, aunque ellos no lo reconocían. Génesis 3:1-6 nos recuerda la astucia de Satanás, ¡cuán a menudo él utiliza la sutileza para convertir una chispa de influencia en una llamarada total!

Satanás nos susurrará: "No te hará daño"; "¿Realmente Dios te dijo eso? Él no quiso decir eso" y "Nadie nunca lo sabrá". El enemigo usa lo que conoce de Dios y de las Escrituras para sembrar dudas y seducirnos por el camino equivocado.

8. ¿Qué chispas sutiles de influencia negativa identificó usted en la actividad 7? ¿Alguna tiene el potencial de convertirse en un fuego ardiente? Enumérelas en el cuadro que aparece debajo.

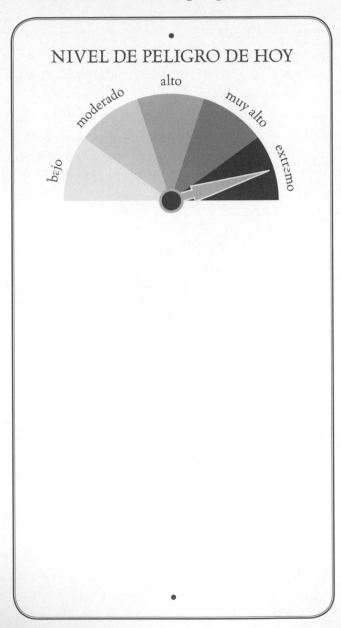

NIVEL DE PELIGRO DE HOY

bajo · moderado · alto · muy alto · extremo

SU SALIDA DE INCENDIOS

"No os ha sobrevenido ninguna tentación que no sea humana; pero fiel es Dios, que no os dejará ser tentados más de lo que podéis resistir, sino que dará también juntamente con la tentación la salida, para que podáis soportar".

1 CORINTIOS 10:13

OBLIGAR A LAS PAREJAS A TRANSFORMAR
SUS MATRIMONIOS

Una cosa es reconocer las chispas que amenazan con reducir a cenizas nuestros matrimonios y algo completamente diferente es apagar la llamarada. Es crucial que busquemos consejos piadosos, amistades saludables y mentores experimentados que nos beneficiarán con la sabiduría que ellos han obtenido a través de sus propios éxitos y fracasos.

Proverbios 13:20 nos dice: "El que anda con sabios, sabio será; mas el que se junta con necios será quebrantado". ¿Quién está calificado para hablar a *su* matrimonio? ¿Cómo filtra usted *sus* amigos?

Preguntas para parejas:
- **¿Qué parejas conocemos que aporten una influencia fuerte, positiva y de apoyo a nuestro matrimonio?**

- **¿Con qué pareja podríamos relacionarnos para fortalecer nuestro matrimonio?**

"Debes protegerte contra los que te influencian para mal. Todos tienen una opinión y algunas personas te alentarán a actuar en forma egoísta, te alentarán a dejar a tu pareja para buscar tu propia felicidad. Ten cuidado y no escuches el consejo de aquellos que no tienen un buen matrimonio".

EL DESAFÍO DEL AMOR, DÍA 35

Obtener consejo sabio es como tener un mapa detallado y un guía personal para un viaje largo y desafiante. Puede ser la diferencia entre el éxito continuo o la destrucción de otro matrimonio.

Poner su matrimonio a prueba de incendios es cuestión de abrazar el poder de las influencias al resistir los peligros negativos e invitar a las influencias positivas para que aporten verdad a su vida y a su matrimonio. Esta es una manera de guiar su corazón. Cuando lo hace, está salvaguardando el pacto de su relación y su matrimonio se convierte en una influencia positiva para otros.

A prueba de incendios

COMPROMÉTASE MEDIANTE LA
REFLEXIÓN Y LA ORACIÓN

9. Si usted fuera a expresar un compromiso personal basado en la palabra *amor*, ¿cómo sería? Marque una acción que refleje el deseo de su corazón.

Señor, al pedirte influencias piadosas para poner mi matrimonio a prueba de incendios, yo decido…

___ *A*mar a mi cónyuge al…
decidir escuchar la sabiduría piadosa y la Palabra de Dios.

___ *M*anifestar estas verdades al…
continuar en esta jornada del desafío del amor y valorar este tiempo de renovación y reto.

___ *A*preciar mi matrimonio al…
creer que Dios honrará mi decisión de permanecer en el pacto del matrimonio y al pasar tiempo esforzándome para hacer que mi matrimonio sea una influencia positiva en otros.

___ *R*endirme a Dios al…
tomar decisiones sabias con relación a los amigos, los mentores y los compañeros en el trabajo, en la recreación y en otros escenarios.

UNA ORACIÓN POR INFLUENCIAS PIADOSAS

Dios Padre:

Te pido que tu voz sea una influencia tan notable que mi mente,
mi voluntad y mis emociones deseen incesantemente buscar un
matrimonio que honre a Dios.

Confieso que mi corazón se deja influir fácilmente por voces
inferiores. Así que dame un deseo incondicional
de seguir tus caminos y no los míos.
Ayúdame a buscar tu verdad y no una falsificación engañosa.

Trae a mi vida personas que me guíen a un amor más profundo
hacia ti y hacia mi cónyuge. Amén.

VIVIR EL DESAFÍO DEL AMOR ESTA SEMANA

Al dar un vistazo a los próximos cinco desafíos del amor,
¡continúe actuando! Anime a otros en su grupo; inicie
conversaciones y correos electrónicos durante la semana y
ore por usted y por su cónyuge y por otras parejas.

Más que nada, únase a Dios en su obra para fortalecer
los matrimonios y vea qué sucede. ¡Viva el desafío!

**La próxima semana en *El desafío del
amor*, lea y haga los días del 6 al 10.**

Honrar y valorar a su cónyuge

TERCERA SESIÓN

Aprender a refrenar los pensamientos negativos
con respecto a su cónyuge y en cambio
concentrarse en sus atributos positivos le ayudará
a honrar su matrimonio en su corazón.

A medida que usted comience a colocar
su matrimonio bajo la sombra del amor
incondicional de Dios, el amor de Dios
se convertirá en el amor suyo.

Encienda

Las huellas del pasado a menudo aparecen en el presente. Incluso, luego de muchos años, la mayoría de nosotros recuerda vívidamente momentos de rechazo y temor como también épocas de alegría y honor.

1. ¿Quién era su héroe durante la niñez?

¿Recuerda alguna vez honrar o deshonrar a alguien en su corazón?

"Nadie puede obtener honor haciendo lo incorrecto".

THOMAS JEFFERSON

SU DESAFÍO DEL AMOR EN ACCIÓN

El apóstol Pablo describió el amor como "un camino aun más excelente" (1 Corintios 12:31). Damos honor a nuestros cónyuges con nuestro amor incondicional. Lean en pareja estas descripciones contemporáneas del amor.

El amor acepta el dolor de la relación.
El amor escucha el enojo de ella.

El amor sonríe cuando ella lo ve.
El amor es que a cambio él la mire intensamente.

El amor comparte intimidad mediante el contacto tanto verbal como físico.
El amor no hace alarde del peso que bajó frente a un cónyuge que necesita bajar de peso.

El amor no ostenta los talentos de ella frente a la
incapacidad de él.
El *amor no recuerda todas las proezas y victorias que él tuvo en
el pasado para que ella se sienta afortunada de que él siga a
su lado.*

El amor no se queja de su esposa.
El *amor no se regocija con imágenes seductoras de la televisión.*

El amor cree en su esposo y desea lo mejor para él.
El *amor nunca se rinde.*

2. **¿Cómo le fue con las listas que creó esta semana?
(Días 6 y 7)**

**¿Puede recordar una ocasión en la que
experimentó la bendición de su cónyuge cuando
usted no lo merecía?**

**Hable de un atributo positivo de su cónyuge que
pudiera escribirse en las paredes de su Salón de
Reconocimientos. (Día 7)**

INVOLUCRARSE EN UN ESTUDIO
PERTINENTE DE LAS ESCRITURAS

El honor puede definirse como tener a alguien en alta estima, ver a alguien o algo como excepcional o especial. A diferencia, los antónimos u opuestos incluyen palabras como vergüenza, desprecio o despreciar, darle poca importancia a algo y falta de respeto.

3. **Haga un círculo alrededor de las palabras en 1 Pedro 3:7-8 que describan un matrimonio de honor:**

> "Cuando esa persona te habla, tomas en serio lo que dice, dándole peso y relevancia a sus palabras. Cuando te pide que hagas algo, te adaptas como puedes, por el solo respeto que le tienes".
>
> EL DESAFÍO DEL AMOR, DÍA 15

"Vosotros, maridos, igualmente, vivid con ellas sabiamente, dando honor a la mujer como a vaso más frágil, y como a coherederas de la gracia de la vida, para que vuestras oraciones no tengan estorbo. Finalmente, sed todos de un mismo sentir, compasivos, amándoos fraternalmente, misericordiosos, amigables".

¿Cuál es un resultado de que un esposo no sea considerado con su esposa?

Su cónyuge es tan parte de usted mismo como lo son sus manos, sus ojos o su corazón. El honor (o la falta del mismo) se hace evidente en nuestras conversaciones el uno con el otro, y con Dios. Nuestras palabras, reacciones, expresiones del rostro y el tono de la voz emiten un mensaje claro a nuestros cónyuges. Estos claman: "¡Eres muy valioso para mí!" o "¡Para mí no vales nada!" En el fragmento de "La gran pelea", busque el mensaje que se comunica.

MOMENTOS DE
LA PELÍCULA
Vea el fragmento 4 de
FIREPROOF: "La gran
pelea". Coméntelo usando
la actividad número 4.

4. **¿Qué cree usted que hizo que Caleb explotara?**

En esta escena todo parece decir: "¡Para mí no vales nada!" ¿Qué principios de honor cree usted que quedaron destruidos?

Mientras Caleb se recupera en casa, él le asegura a su mamá que está bien, y le informa a su papá que no renunciará a su matrimonio. En el proceso de esa conversación Caleb señaló: "Me hablaron dos veces de un diario para una entrevista. Parece que soy un héroe para todos excepto para mi esposa".

MOMENTOS DE
LA PELÍCULA
Vea el fragmento 5 de
FIREPROOF: "Un héroe
para todos". Coméntelo
usando las actividades 5-7.

5. **¿Conoce usted a alguien que haya pasado por una situación similar de decepción en el matrimonio? ¿Por qué cree usted que es tan fácil para nosotros perder el respeto hacia nuestros cónyuges?**

6. Clasifique el honor en estas afirmaciones (alto o bajo). Reescriba en el margen una oración que refleje honor y respeto.

_____ "A ella le encantaba llamarme. Ahora parece que solo llama cuando quiere algo".

_____ "¡Mi esposo es tan egoísta! Él piensa que las medias limpias vuelan del cesto de la ropa sucia a la lavadora y de ahí a la secadora y luego regresan a la gaveta".

_____ "Hacer el amor… se ha convertido en un deber. ¿Cómo puedo disfrutar la intimidad con alguien que me vuelve loco/loca?"

_____ "Ella es una cabeza hueca cuando se trata de las finanzas. Apenas sabe hacer un cheque, mucho menos cuadrar la chequera".

Efesios 4:25-27, 29 (al margen) describe cómo las "palabras corrompidas" pueden hacerse un hábito y poco a poco destruir las relaciones.

7. ¿Qué debe salir de nuestras bocas a cambio?

¿Por qué? (Ver también Efesios 4:15 en el margen derecho.)

¿Qué cree usted que quiere decir el versículo 27: "ni deis lugar al diablo"?

Por lo cual, desechando la mentira, hablad verdad cada uno con su prójimo; porque somos miembros los unos de los otros. Airaos, pero no pequéis; no se ponga el sol sobre vuestro enojo, ni deis lugar al diablo. Ninguna palabra corrompida salga de vuestra boca, sino la que sea buena para la necesaria edificación, a fin de dar gracia a los oyentes.

EFESIOS 4:25-27, 29

¿Hay ocasiones en las que usted es más vulnerable a decir palabras hirientes a su cónyuge?

"Sino que siguiendo la verdad en amor, crezcamos en todo en aquel que es la cabeza, esto es, Cristo".

Efesios 4:15

Jesús es el ejemplo perfecto de ver a las personas como algo inestimable y de gran valor, lo suficientemente valiosas como para morir por ellas. Él se relacionó con cada persona mediante un "lente" de honor y respeto.

8. **Usted le dice a su cónyuge que es valioso o que no vale nada, dependiendo de los lentes con los que lo mira o por la manera en que interactúa. Marque debajo con una cruz lo que usted le está comunicando a su cónyuge.**

Lo que le digo a mi cónyuge	¡Eres muy valioso!	¡No vales nada!
con mis palabras		
con la manera en que trato su cuerpo		
al satisfacer sus necesidades		
al hacer pedidos		
con mi conducta en los conflictos		
al cumplir con mis compromisos		

La Biblia dice a los esposos que amen a sus esposas de la misma manera en que Cristo amó a la iglesia (Efesios 5:25). Cuando usted ama y honra a su cónyuge, usted está honrando y respetando a Cristo. Lo contrario también se cumple.

Extinción de incendios

Obligar a las parejas a transformar sus matrimonios

PALABRAS/ACCIONES A EVITAR EN LOS CONFLICTOS:

- "Siempre"
- "Nunca"
- Afirmaciones con "Tú"
- Insultos
- Exigencias
- Amenazas

"Honroso sea en todos el matrimonio, y el lecho sin mancilla; pero a los fornicarios y a los adúlteros los juzgará Dios."

HEBREOS 13:4

El conflicto es inevitable

Cuando ustedes se casaron, unieron no solo sus esperanzas y sueños sino también sus heridas, sus temores, imperfecciones y equipaje emocional. Desde el momento que desempacaron luego de la luna de miel, comenzó el verdadero proceso de desempacar a otra persona.

"En poco tiempo, tu pareja comenzó a deslizarse de tu elevado pedestal y tú del suyo. La intimidad forzosa del matrimonio comenzó a despojarte de tu fachada pública y a exponer tus problemas privados y tus hábitos secretos. Bienvenido a la humanidad caída" (El *desafío del amor*, día 13).

9. **¿Cómo maneja usted el conflicto en su matrimonio? Marque todos los que correspondan.**

___ Escapismo	___ Aceptación con amor
___ Negación	___ Sarcasmo
___ Honestidad cruel	___ Abuso de sustancias
___ Ataques de enojo	___ Largas conversaciones
___ Rendición	___ Disculpas humildes

Al tomar como guía Hebreos 14:4, ¿en qué maneras prácticas puede usted estimar o dar mucho valor a su matrimonio?

A prueba de incendios

COMPROMETERSE MEDIANTE LA REFLEXIÓN Y LA ORACIÓN

EL HONOR SE ARRIESGA PARA SATISFACER LAS NECESIDADES

El rey David experimentó el honor de sus compañeros más cercanos durante la batalla: "¡Quién me diera a beber del agua del pozo de Belén que está junto a la puerta! Entonces los tres valientes irrumpieron por el campamento de los filisteos, y sacaron agua del pozo de Belén que estaba junto a la puerta; y tomaron, y la trajeron a David" (2 Samuel 23:15-16).

David no pidió a nadie que actuara pero los hombres fuertes observaban y escuchaban. Con gran valor y honor, arriesgando sus vidas, actuaron para satisfacer la necesidad.

10. **¿Cómo cree usted que se sentiría y se vería esa clase honor en su matrimonio?**

En la segunda sesión a usted se le presentó el acróstico AMAR como una manera de expresar sus compromisos personales. Por ahora, para cerrar nuestro tiempo juntos, complete con sus propias acciones "amar a mi cónyuge al…"

Señor, al pedirte influencias piadosas para poner a prueba de fuego mi matrimonio, yo decido:

__ *A*mar a mi cónyuge al…

__ *M*anifestar estas verdades al…
buscar la verdadera paz y el contentamiento, sabiendo que el verdadero placer viene con la persona a quien doy honor.

__ *A*preciar mi matrimonio al…
permitir que nada cambie este pacto que he hecho con mi cónyuge y con Dios.

__ *R*endirme a Dios al…
dar honor a mi cónyuge incluso cuando parezca difícil o irracional.

Oración para el corazón de un siervo

Padre celestial, decido expresar mi amor a mi pareja de una manera que me lleve a tener una mayor intimidad contigo. No tengo poder para hacer esto con mis propias fuerzas. ¡Te necesito!
Jesús, enséñame a deleitarme en la vida de un siervo. Amén.

Vivir el desafío del amor esta semana

¡Experimente en su matrimonio los días del 11-15 en *El desafío del amor*!

Vivir con comprensión

CUARTA SESIÓN

Disfrutamos descubrir, tanto como es posible,
acerca de lo que realmente nos interesan. Le
desafiamos a decidir ganarse un doctorado
de por vida en el estudio de su cónyuge, una
creación maravillosamente compleja de Dios.

Encienda

IDEAS Y TEMAS DE CONVERSACIÓN PARA COMENZAR

"La diferencia entre la palabra correcta y la palabra casi correcta es la diferencia entre el relámpago y la luciérnaga".

MARK TWAIN

1. **Cuente una historia cómica de mala comunicación en su matrimonio. ¿Qué suposiciones equivocadas tenía usted?**

   ¿Tienen usted o su cónyuge palabras clave que significan algo para ustedes pero no para nadie más?

Su desafío del amor en acción

Esta semana pasada usted recibió la invitación para leer y hacer lo que indicaba el desafío del amor para los días del 11-15.

2. **¿Qué está usted aprendiendo acerca del amor?**

"El amor *ágape* es un amor que se manifiesta 'en la salud y la enfermedad', 'en la prosperidad y en la adversidad', en buenos y malos momentos".

EL DESAFÍO DEL AMOR, DÍA 10

   ¿Sobre la comunicación?

Phileo y *eros* describen el tipo de amor que es sensible por naturaleza y que fluctúa de acuerdo a los sentimientos o las circunstancias. El amor ágape es desinteresado e incondicional. El desafío es amar a su cónyuge con "amor ágape".

La Biblia nos dice: "En esto consiste el amor: no en que nosotros hayamos amado a Dios, sino en que él nos amó a nosotros, y envió a su Hijo en propiciación por nuestros pecados" (1 Juan 4:10). Dios no nos ama porque seamos adorables sino por él ser tan amoroso. El amor incondicional es el tipo de amor de Dios.

UNA METÁFORA QUE ES DEMASIADO REAL

Algunos días la vida parece un rompecabezas. Tratamos de armarla pero lo único que vemos son piezas que aparentemente no están relacionadas.

3. **El anfitrión de un programa de entrevistas tenía un segmento llamado "Cosas que te dejan asombrado…" ¿Qué cosa tiene su cónyuge que le dejan asombrado?**

   ¿Qué cree usted que conduce a los malentendidos en el matrimonio?

El matrimonio puede ser frustrante y confuso, especialmente cuando las piezas no parecen encajar fácilmente en su lugar. Un compromiso para toda la vida unido a un deseo de comprender y apoyar a la otra persona ayuda a dar claridad y propósito.

Prepárese

**MOMENTOS DE
LA PELÍCULA**

Vea el fragmento 6 de
Fireproof: "Estudie
a su cónyuge".
Coméntelo usando la
actividad número 4.

El Espíritu Santo estaba obrando en la vida de Caleb
mediante *El desafío del amor.* Observe el fragmento de
FIREPROOF para captar las ideas que comenzaron a influir
en la relación de Caleb con Catherine.

Luego piense en sus respuestas a estas preguntas: *¿Conozco
las más grandes esperanzas y sueños de mi cónyuge? ¿Comprendo
bien cómo él o ella prefiere dar y recibir amor? ¿Conozco los mayores
temores de mi cónyuge y por qué constituyen una lucha?*

4. **Basado en lo que usted conoce acerca de las
   preferencias de su cónyuge, ¿qué título tiene
   usted en su matrimonio?**

   ____ **Una maestría**

   ____ **Un doctorado**

   ____ **Un título de educación general**

   ____ **Estoy en clases de recuperación.**

¿Acaso no disfruta usted descubrir cosas nuevas sobre sus
pasatiempos, pasiones e intereses? ¡Claro que sí! Haga que esta
misma práctica tan valiosa sea parte de su descubrimiento de
la persona más importante de su vida.

Un retrato de la compasión

El primer capítulo de Marcos (1:40-45) nos presenta un cuadro increíble de Jesús. Aquí Jesús se encuentra con un leproso. En el primer siglo un leproso era considerado el paria de los parias, un marginado que no solo padecía de una horrible enfermedad de la piel sino también de una debilitante soledad. Sin embargo, en este marco, cuando "vino a él un leproso", el Señor le mostró compasión.

En el idioma original, la palabra *compasión* no significa sentir pena por una persona. No significa lástima como imaginarían algunos. Hasta la palabra *simpatía* se queda corta. La palabra *compasión* significa meterse en medio del lío. Jesús se sintió conmovido a asumir la carga del leproso.

Jesús no quiere relacionarse con nosotros física o emocionalmente. Él desea estar en medio de la destrucción.

PROFUNDICE

2 Reyes 13:23

Nehemías 9:27

Salmos 103:13

Isaías 54:8

5. **¿Recuerda alguna ocasión en la que usted pareció sentir físicamente el dolor de su cónyuge?**

En un matrimonio
no hay pasión
sin compasión.

6. ¿Por qué cree usted que es tan difícil para algunas personas pedirles ayuda a sus parejas? Marque cualquier actitud que pudiera contribuir a esta barrera.

_____ Cuando pido algo me siento menos independiente.

_____ Mi cónyuge debiera ser más perspicaz y saber lo que necesito sin tener que pedírselo.

_____ He tratado de pedir cosas pero siempre parezco desilusionarme así que he dejado de pedir.

_____ Temo que si pido algo, me lo saque en cara.

Oirá el sabio, y aumentará
el saber, y el entendido
adquirirá consejo.

PROVERBIOS 1:5

¿Hay algo que usted necesita de su cónyuge que todavía no lo ha expresado con palabras?

El corazón de una persona es una bóveda protegida de tesoros inestimables. Las personas tienden a abrir sus corazones solo a aquellos con quienes se sienten emocionalmente seguros y en quienes pueden confiar del todo. ¿Es el corazón de su cónyuge una puerta abierta o una pared cerrada?

DIOS QUIERE MÁS DE NOSOTROS

"Mas Dios muestra su amor para con nosotros, en que siendo aún pecadores, Cristo murió por nosotros". *Romanos 5:8*

El sistema del mundo proclama que si alguien le hace algo malo, la venganza será dura y fuerte. Nuestra naturaleza pecaminosa hace que nos desquitemos. Sin embargo, ¡Dios quiere más de nosotros!

"La religión de 'ojo por ojo' no va conmigo", dijo Jesús muchas veces con palabras y con acciones. El ejemplo de misericordia y de gracia de Jesús es crucial para vivir con comprensión.

Extinción de incendios

OBLIGAR A LAS PAREJAS A TRANSFORMAR SUS MATRIMONIOS

APRENDA, APRENDA, APRENDA

"Los sabios guardan la sabiduría; Mas la boca del necio es calamidad cercana". *Proverbios 10:14*

La analogía de la sal y la pimienta en FIREPROOF es un gran recordatorio de las singularidades de los hombres y las mujeres, diferencias que Dios ha establecido desde la creación.

7. **¿Qué diferencias aparentes entre hombres y mujeres ha experimentado usted en la esfera personal?**

La billetera perdida

A ella le frustraba que yo hubiera perdido la billetera… una vez más.

Ella es organizada y rara vez se le pierde algo. Debo haber recorrido la cuadra unas cinco veces. *¿Por qué ella me enloquece así? ¿Por qué no puedo manejar esto?*

Mientras caminaba yo seguía escuchando: *¡Todo lo pierdes! ¡Por qué no creces y asumes responsabilidad de las cosas! Sigues siendo un chiquillo atolondrado con problemas de atención. ¡Nunca cambiarás!*

Me di cuenta de que no era la voz de mi esposa la que resonaba en mis oídos, era la de mi papá. Los años de su constante frustración conmigo regresaron con venganza. Entonces entendí que este incidente (el de la billetera perdida) en realidad se trataba de eso (de un chico herido).

8. **¿Qué equipaje dañino ha llevado usted al matrimonio que necesita eliminar? ¿Entiende su cónyuge el impacto que esto tiene en usted?**

PARA LECTURA ADICIONAL

- *Los cinco lenguajes del amor*, Gary Chapman
- *El ADN de las relaciones*, Gary Smalley
- *Cautivante*, Stasi Eldredge y John Eldredge
- *Salvaje de corazón*, John Eldredge
- *Solo para mujeres* y *Solo para hombres*, Shaunti Feldhahn

ESCUCHE PRIMERO

"Por esto, mis amados hermanos, todo hombre sea pronto para oír, tardo para hablar, tardo para airarse". Santiago 1:19

9. **Practique volviéndose a su cónyuge y preguntando: "¿Qué cosa te produce preocupación en nuestras vidas?"**

CONSEJOS PARA ESCUCHAR

Su cónyuge quiere saber que usted le está escuchando. A veces eso significa *no*

- dar consejos.
- tratar de "solucionarlo".
- defender su punto de vista.
- incluso disculparse hasta que su cónyuge sepa que usted realmente ha escuchado.

En el momento adecuado repita lo que ha escuchado.

¿Cuán difícil fue escuchar sin responder o sin tratar de "solucionarlo"?

MUESTRE RESPETO

"Vosotros, maridos, igualmente, vivid con ellas sabiamente, dando honor a la mujer como a vaso más frágil, y como a coherederas de la gracia de la vida, para que vuestras oraciones no tengan estorbo" 1 Pedro 3:7.

10. **¿Cómo puede usted hacer valer...**

el tiempo de su cónyuge?

sus necesidades?

su cuerpo?

sus emociones?

A prueba de incendios

COMPROMETERSE MEDIANTE LA REFLEXIÓN Y LA ORACIÓN

Mediante la oración exprese su actuar en *obediencia* de tal manera que muestre compasión hacia su cónyuge.

Señor, al pedirte influencias piadosas para poner a prueba de fuego mi matrimonio, yo decido:

__ **Amar a mi cónyuge al…** escuchar, realmente escuchar lo que mi buen compañero/a está diciendo sin defender inmediatamente mis propias acciones o mis juicios.

__ **Manifestar estas verdades al…** ordenar mi vida para facilitar la cercanía en la comunicación, el contacto físico, los regalos, la recreación y la intimidad y el afecto.

__ **Apreciar mi matrimonio al…** descubrir nuevas formas de amar a mi cónyuge de manera que le muestre total devoción.

__ **Rendirme a Dios al…**

"Dios, quien conoce los secretos que escondemos incluso de nosotros mismos, nos ama con una profundidad que no podemos ni comenzar a comprender. ¿Cuánto más deberíamos (como personas imperfectas) extender la mano a nuestro cónyuge con gracia y comprensión, aceptándolo por quien es y asegurándole que sus secretos están seguros con nosotros?"

EL DESAFÍO DEL AMOR, DÍA 17

Una oración por comprensión

Señor Jesús, mi Diseñador y mi Rey, te pido que des visión e inspiración divinas a mi vida. Dame el discernimiento que necesito para bendecir a mi familia y a mi cónyuge. Enséñanos a ambos a vivir por fe, con la capacidad de navegar por los asuntos difíciles y por los tiempos malos.

Danos una comunicación que no sea simplemente conversación superficial. Ayúdanos a usar nuestras palabras con sabiduría y a escuchar con un corazón compasivo.

*Tú nos uniste. Tú nos reclamaste.
Y nosotros nos reclamamos el uno al otro para la gloria de tu reino.
Amén.*

Vivir el desafío del amor esta semana

Esta semana, en sus lecturas de El *desafío del amor,* usted recibirá un mayor desafío para convertirse en un verdadero erudito de las necesidades, deseos y pasiones de su cónyuge.

**Esta semana lea y haga lo correspondiente
a los días 16-20 de El desafío del amor.**

Amor incondicional

QUINTA SESIÓN

Uno no puede dar lo que no tiene. Uno tiene que
tener el amor de Cristo antes de realmente poder
dar amor incondicional a cualquier otra persona.

El amor de Cristo no se basa en los méritos,
las circunstancias o las consecuencias.
Tenemos que tener una relación tal con
nuestro cónyuge que amemos de manera
inexorable, obstinada y sacrificada.

Encienda

IDEAS Y TEMAS DE CONVERSACIÓN PARA COMENZAR

1. Hoy, cuando usted entró en el salón, alguien le dio un regalo. ¿Cómo le hizo sentir esto? ¿Qué hizo usted para merecerlo?

   ¿Recuerda alguna otra ocasión en la que alguien le dio un regalo "sin compromiso"?

SU DESAFÍO DEL AMOR EN ACCIÓN

La semana pasada se le invitó a leer y hacer el desafío para los días 16-20.

2. El día 16 le desafiaba a orar por el corazón de su cónyuge. Hasta donde se sienta cómodo, hable de una de las maneras en que usted está orando por su cónyuge.

   ¿Cómo el orar por su cónyuge cambia su visión de su matrimonio?

   ¿Encontraron tiempo para tener una cena especial juntos (día 18)? Si fue así, hablen brevemente acerca de la misma.

Toda pareja experimenta momentos en el matrimonio cuando el amor parece desvanecerse. A veces la vida puede golpearnos, ya sea mediante un año decepcionante o por la muerte de alguien a quien queremos mucho. En medio de las tormentas las parejas pueden verse, acercándose entre sí o alejándose el uno del otro.

Podemos guiar nuestros corazones a escoger el amor. Sin embargo, al mismo tiempo, el tipo de amor que necesitamos, un amor que sea capaz de soportar cualquier tipo de presión, está fuera de nuestro alcance. Necesitamos a alguien que pueda darnos este tipo de amor.

Dios es su fuente de amor incondicional. A medida que camine con Él, Él le puede dar un amor hacia su cónyuge que usted nunca podría producir por sí mismo. Él quiere amar a su cónyuge a través de usted.

La Biblia nos dice claramente: "Dios es amor; y el que permanece en amor, permanece en Dios, y Dios en él" (1 Juan 4:16). Permita que esas palabras le absorban, que penetren en usted, mucho más que las canciones del domingo y los lemas que aparecen en las calcomanías para autos.

Dios es amor y su amor es incondicional. Él no es un comando cósmico listo para dispararle misiles espirituales cada vez que usted eche a perder las cosas. Dios no es el enemigo. Él le ama. Él está a su favor. Y si usted nunca le ha buscado, sepa que Él le ha estado buscando toda su vida.

"*Amados, amémonos unos a otros; porque el amor es de Dios. Todo aquel que ama, es nacido de Dios, y conoce a Dios. El que no ama, no ha conocido a Dios; porque Dios es amor. En esto se mostró el amor de Dios para con nosotros, en que Dios envió a su Hijo unigénito al mundo, para que vivamos por él*".

1 Juan 4:7-9

3. **¿Cuándo sintió usted el amor total y completo de Dios?**

En tiempo difíciles, ¿tienden usted y su cónyuge a aferrarse el uno al otro o a arañarse el uno al otro?

Prepárese

INVOLUCRARSE EN UN ESTUDIO PERTINENTE DE LAS ESCRITURAS

MOMENTOS DE LA PELÍCULA

Vea el fragmento 7 de FIREPROOF: "Confíele su vida". Coméntelo usando la actividad número 4.

"Me he inclinado ante ella. He tratado de demostrarle que todavía me interesa mi familia… He aguantado sus insultos y sus sarcasmos.

Pero anoche se acabó.

Hice lo que pude para demostrarle que la quiero y que la valoro mucho ¡y ella me escupió en la cara!… ¿Cómo puedo mostrarle a alguien amor una y otra vez cuando siempre, siempre, siempre todo lo que hace es rechazarme?"

CALEB A SU PADRE
EN FIREPROOF

4. En esta escena, ¿de dónde saca Caleb su punto de vista con relación a Dios y a la salvación?

¿Por qué cree usted que Catherine está tan insensible a los intentos de Caleb para completar *El desafío del amor*?

¿Cómo cambia la cruz nuestra perspectiva del amor?

"Mas Dios muestra su amor para con nosotros, en que siendo aún pecadores, Cristo murió por nosotros" (Romanos 5:8). Así sabemos lo que es el amor. Jesucristo vino a buscarnos y a salvarnos (Lucas 19:10).

¡Jesús le da mucho valor al amor! Su mandato y ejemplo de amarnos unos a otros es un mandato que está por encima y va más allá de cualquier mandamiento antes o después de este.

Jesús desechó la mentalidad antigua de supervivencia y de "yo primero" y nos llamó a ser los amantes más apasionados y peculiares que el mundo haya conocido jamás. Él enseñó: "Amad, pues, a vuestros enemigos, y haced bien, y prestad, no esperando de ello nada" (Lucas 6:35).

Su amor es el tipo de amor que hace del amor incondicional una práctica y un estilo de vida. Tal amor va más allá de apaciguar, transigir y tolerar. Va más allá de tratados, fronteras y límites de tiempo. Este amor es un amor poderoso y valiente. Es darle piel y huesos a esta vida llamada cristianismo. El amor incondicional soporta. Espera. Cree.

En otras palabras, simplemente no practique esta misión radical del amor incondicional en los días buenos cuando el auto funciona, la basura se ha sacado y los niños se están portando bien y son admirables. No vayas simplemente a acampar en el desierto del amor. Construye allí tu hogar.

"Un mandamiento nuevo os doy: Que os améis unos a otros; como yo os he amado, que también os améis unos a otros".

JUAN 13:34

"(El amor) Todo lo sufre, todo lo cree, todo lo espera, todo lo soporta. El amor nunca deja de ser".

1 CORINTIOS 13:7-8

5. **Todo el mundo ha sido tocado por el dolor y la tragedia del divorcio. En situaciones que usted conoce, ¿cuál fue la causa principal?**

__ **Adicciones**   __ **Infidelidad**   __ **Abuso**

__ **Finanzas**   __ **Enfermedad**   __ **Ira**

__ **Mentiras**   __ **Aburrimiento**   __ **Otro**

¿Se rinde el amor incondicional cuando las cosas se ponen difíciles? ¿Cómo reacciona el amor, en cambio, para ayudar a resolver estos asuntos?

ATRIBUTOS DEL AMOR INCONDICIONAL

El amor incondicional es estable e incesante.

"Yo conozco tus obras, y tu arduo trabajo y paciencia; y que no puedes soportar a los malos, y has probado a los que se dicen ser apóstoles, y no lo son, y los has hallado mentirosos; y has sufrido, y has tenido paciencia, y has trabajado arduamente por amor de mi nombre, y no has desmayado. Pero tengo contra ti, que has dejado tu primer amor".

APOCALIPSIS 2:2-4

6. En Apocalipsis 2:2-4, Jesús habla a la iglesia de Éfeso acerca del amor. ¿Qué dice él sobre la relación a su novia (la iglesia) consigo mismo?

El amor incondicional es vinculante y unificador.

Lea Romanos 8:38-39 (al margen).

"Por lo cual estoy seguro de que ni la muerte, ni la vida, ni ángeles, ni principados, ni potestades, ni lo presente, ni lo por venir, ni lo alto, ni lo profundo, ni ninguna otra cosa creada nos podrá separar del amor de Dios, que es en Cristo Jesús Señor nuestro".

ROMANOS 8:38-39

El amor incondicional va más allá de las expectativas razonables.

El amor incondicional es un artículo raro en estos tiempos. Las personas aman cuando reciben amor. Aman cuando se les trata con amor.

Sin embargo, el amor incondicional no es un amor de trueques que se comercia en el mercado libre. Es la bondad del samaritano que ministra al hombre golpeado cuya naturaleza es despreciarlo. El amor es una mujer al borde de la desesperación que usa los ahorros de su vida entera para honrar la vida de su amigo. Amor es ofrecer misericordia a un criminal en su hora final, la última persona a quien uno quisiera expresarle bondad, esperanza y gracia.

7. **Lea la parábola del hijo pródigo en su Biblia (Lucas 15:11-32). ¿Quiénes son los personajes principales?**

   ¿Quién personifica el amor condicional?

   ¿Quién personifica el amor incondicional?

8. **¿Cómo puede usted comunicar de una mejor manera un amor incondicional a su cónyuge...**

   cuando él o ella fallan?

   cuando él o ella parecen difíciles de amar?

   cuando usted tiene deseos de renunciar?

¡Recuerde sus votos! Cuando usted se casó, ¿hizo usted el voto de amar a su cónyuge solo si sentía deseos, o, en salud y enfermedad, en riqueza o en pobreza, en las buenas o en las malas?

Extinción de incendios

OBLIGAR A LAS PAREJAS A TRANSFORMAR SUS MATRIMONIOS

"Las casadas estén sujetas a sus propios maridos, como al Señor; porque el marido es cabeza de la mujer, así como Cristo es cabeza de la iglesia, la cual es su cuerpo, y él es su Salvador. Así que, como la iglesia está sujeta a Cristo, así también las casadas lo estén a sus maridos en todo. Maridos, amad a vuestras mujeres, así como Cristo amó a la iglesia, y se entregó a sí mismo por ella".

EFESIOS 5:22-25

TRAIGA A CASA UN AMOR INCONDICIONAL

Un matrimonio piadoso es una metáfora del amor incondicional.

9. **Lea Efesios 5:22-25 (al margen).**

   ¿Quién se sacrifica en este pasaje?

   ¿Quién hace de siervo en este pasaje?

   ¿Son los roles diferentes? ¿Cómo?

"Como el Padre me ha amado, así también yo os he amado; permaneced en mi amor. Si guardareis mis mandamientos, permaneceréis en mi amor; así como yo he guardado los mandamientos de mi Padre, y permanezco en su amor".

JUAN 15:9-10

¿Quién se sacrifica más, la esposa que Dios llama a respetar el liderazgo de su imperfecto esposo o el esposo que es llamado a amar a su imperfecta esposa de tal manera que moriría por ella? Ambos requieren morir a sí mismos y poner las necesidades de la otra persona por encima de sus deseos.

Este tipo de amor es imposible fuera de una relación íntima con Jesucristo. Cuando caminamos con Jesús a diario, su Espíritu Santo derrama un amor incondicional en nuestros corazones (Romanos 5:1-5; Gálatas 5:22). Entonces podemos amar a nuestro cónyuge y a los demás con ese amor. En Filipenses 2:5-11, Jesús modeló la actitud de siervo que se requiere para que el matrimonio funcione. A medida que analice este pasaje usted verá cómo Jesús constantemente pone las necesidades de otros por encima de sus propios derechos.

A prueba de incendios

COMPROMETERSE MEDIANTE LA REFLEXIÓN Y LA ORACIÓN

Al hacer su compromiso personal para con su cónyuge y su matrimonio, hágalo a la luz de Filipenses 2. Siga llenando su acróstico Amar, esta vez analizando la segunda letra A y Apreciar mi matrimonio. ¿Qué mejor manera de apreciar su matrimonio que comprometerse a un estilo de vida de amor incondicional? Use el espacio que se brinda para escribir sus compromisos.

"…se humilló a sí mismo, haciéndose obediente hasta la muerte, y muerte de cruz".

FILIPENSES 2:8

Señor, al pedirte influencias piadosas para poner a prueba de fuego mi matrimonio, yo decido:

___ *A*mar a mi cónyuge al…
mostrar aceptación y ser abierto, y confiar en Dios para que renueve a mi cónyuge en la persona que él ha designado.

___ *M*anifestar estas verdades al…
ofrecer amor como un acto de adoración a Dios y un pacto con mi pareja.

___ *A*preciar mi matrimonio al…

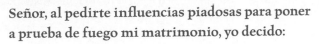

___ *R*endirme a Dios al…
aceptar el papel de siervo con relación a mi amado/a y practicar el arte del amor ágape.

Oración por un amor desinteresado

Señor Jesús, Hijo de Dios,
¡cuán espléndida es tu misericordia para mí!
¡Cuán admirable es tu gracia! En ocasiones
en que te doy la espalda, tú me buscas inexorablemente.
Qué grande amor, Señor Jesús.
Es difícil comprenderlo.

Me amaste de manera incondicional cuando partiste el pan
y ofreciste la copa del perdón.
Gracias, Jesús, Hijo de Dios.

Dame el valor para seguirte en una aventura amorosa desinteresada
con mi cónyuge. A partir de este día,
ama a mi cónyuge por medio de mí. Amén.

Vivir esta semana El desafío del amor

Esta semana usted tendrá el desafío de profundizar una relación espiritual íntima con Cristo y en sociedad con su cónyuge. Usted será desafiado a salir de su zona de comodidad espiritual. ¡Dé el salto! ¡Vale la pena!

Continúe su jornada por *El desafío del amor* al leer y hacer lo correspondiente a los días 21-25.

Vivir con perdón

El perdón completo significa no guardar nada entre su cónyuge y usted y decidir: "Haré un compromiso diario de practicar el perdón como un estilo de vida".

Encienda

IDEAS Y TEMAS DE CONVERSACIÓN PARA COMENZAR

1. Tome algunos minutos para hablar del accidente más inusual o simpático que usted haya tenido.

   ¿Qué se dañó?

   ¿Pudo usted reírse del asunto en ese momento? ¿Puede reírse del asunto ahora?

   ¿Tuvo que disculparse con alguien?

Los accidentes ocurren y a veces tenemos que disculparnos por acciones o resultados involuntarios. Es fácil ponerse a la defensiva con respecto a nuestras acciones cuando la vida parece desmoronarse. Usted puede haber escuchado (¡o incluso dicho!) cosas como: "Me disculpo aunque no fue culpa mía". "Mire, si usted lo que quiere es una disculpa, aquí va: ¡Lo siento!"

SU DESAFÍO DEL AMOR EN ACCIÓN

La semana pasada usted tuvo el desafío de pedirle a Dios que le revelara aspectos con los que está luchando para hacer lo correcto.

2. ¿Qué le mostró Dios?

   ¿Cómo luchó usted con esos aspectos la semana pasada?

¿Qué descubrió usted acerca de las expectativas que tiene con respecto a sí mismo? ¿Con relación a su cónyuge? ¿De Dios?

Los grandes matrimonios no se producen porque las parejas dejan de pecar y de fallarse el uno al otro, eso es imposible. Los grandes matrimonios se producen porque las parejas aprenden a nunca dejar de pedirse disculpas ni de perdonarse el uno al otro. Cuando las parejas no se perdonan y la misericordia se agota, comienzan a suceder cosas como esta:

"¿Cuánto tiempo vivo así? Parece que no hago nada bien. Ando con temor de arruinar las cosas. Y cuando me siento así, no puedo contarle a ella nada de lo que en verdad sucede. Hasta la intimidad parece forzada y fría.

"¿En qué me equivoqué? Señor, realmente nos puedes dar un nuevo comienzo porque no parece posible. ¡Estamos tan quebrantados ahora! Algunos días parece que estamos en esto solo por los niños". (Anónimo)

3. **¿Por qué cree usted que es tan difícil para estas parejas regresar a un punto de romance y salud en sus matrimonios?**

Las parejas pueden reconciliarse incluso luego de quedar devastadas por infidelidades, adicciones o "diferencias irreconciliables". Sin embargo, existe un factor universal que se requiere para la recuperación de cualquier matrimonio: EL PERDÓN TOTAL.

Prepárese

MOMENTOS DE
LA PELÍCULA

Vea el fragmento 8 de
FIREPROOF: "Tendrás todo
el tiempo que quieras".
Coméntelo usando la
actividad número 4.

4. ¿Cómo ha cambiado la actitud de Caleb desde
que comenzó *El desafío del amor*?

¿Cuál es la diferencia entre disculpas forzadas y
la actitud que Caleb expresa en esta escena?

Haga un círculo alrededor de los adjetivos que
mejor describen la actitud de Caleb en esta
escena.

Aparatosa	Insincera	Llena de remordimientos
Asustada	Tranquila	Sarcástica
Flexible	Enojada	Vengativa

Catherine, perdóname
por haber sido tan egoísta.
Durante siete años te
he pisoteado con mis
palabras y mis acciones.
He amado otras cosas
cuando debí amarte a ti.
En las últimas semanas
Dios me ha dado más amor

Cuando se trata de pedir disculpas, ¿usted se
considera fuerte o débil? ¿Por qué?

5. ¿Cómo le afecta a usted la falta de perdón

físicamente?

emocionalmente?

espiritualmente?

sexualmente?

en su relación con sus amigos?

en la relación con sus hijos?

por ti del que nunca sentí y le pedí que me perdone y espero, le imploro, que de algún modo tú puedas perdonarme también. Catherine, no quiero vivir el resto de mi vida sin ti".

CALEB A CATHERINE
EN FIREPROOF

EL IMPACTO DE LA FALTA DE PERDÓN

La falta de perdón produce amargura y envenena cada esfera de nuestras vidas. Físicamente aumenta nuestro nivel de estrés, endurece nuestros rasgos faciales y disminuye nuestra resistencia a las enfermedades. Desde el punto de vista emocional hace que siempre estemos enojados, irritables y agotados. También hace daño en la esfera espiritual.

"Y cuando estéis orando, perdonad, si tenéis algo contra alguno, para que también vuestro Padre que está en los cielos os perdone a vosotros vuestras ofensas. Porque si vosotros no perdonáis, tampoco vuestro Padre que está en los cielos os perdonará vuestras ofensas" (Marcos 11:25-26). Cuando Jesús nos manda a que perdonemos de corazón, nos está enseñado a vivir de la manera en que Dios vive al mismo tiempo que nos protege del veneno de la amargura.

En el día 25 de El desafío del amor, en la vívida parábola de Jesús acerca del perdón (Mateo 18), ¿notó usted los tipos de dinero que se mencionan? El siervo le debía al rey 10,000 talentos, una deuda que no podría pagar en 1,000 vidas.

1 denario = salario de un día
1 talento = salario de 10 años

En el mismo pasaje, un conocido del siervo le debía 100 denarios, prácticamente un tercio de los ingresos anuales de un hombre.

6. **¿Cuáles deudas de "100 denarios" tenemos en nuestros matrimonios?**

   ¿Cuáles deudas de "10,000 talentos" le debemos a Dios?

¡Dios no escatima cuando se trata del perdón! La palabra *perdón* puede traducirse como "absolución". Según el Salmo 103:12: "Cuanto está lejos el oriente del occidente, hizo alejar de nosotros nuestras rebeliones". Dios hunde nuestros pecados en las profundidades del mar: "El volverá a tener misericordia de nosotros; sepultará nuestras iniquidades, y echará en lo profundo del mar todos nuestros pecados". Miqueas 7:19

FALACIAS DE LA FALTA DE PERDÓN

7. **Lea las siguientes declaraciones de perdón y debatan en grupo o en pareja por qué simplemente no son verdaderas.**

   "Cuando yo digo que lo siento debes olvidarte del problema que yo creé".

   "No debes perdonar hasta que él se disculpe primero y arregle sus problemas".

   "Ya que ella se equivocó 'más' que yo, no tengo que disculparme por mi parte 'más pequeña'".

¿Qué otras declaraciones podría añadir usted?

8. Haga un círculo alrededor de los resultados de la falta de perdón que usted ha observado en otros o que ha experimentado a nivel personal.

Dolor	Aislamiento	Enfermedad
Ira	Irritabilidad	Amargura
Odio	Rebelión	Sequedad espiritual

¿QUÉ SIGNIFICA PERDONAR A ALGUIEN POR COMPLETO?

El perdón comienza cuando uno escoge tratar a otra persona de la misma manera que quiere que Dios lo trate a uno. Es cuando usted otorga la misma misericordia inmerecida que Dios le mostró a usted mediante el sacrificio de su Hijo. El perdón se produce cuando usted permite que Dios sea el juez de otros y le entrega a él su ira y su venganza. Significa liberar al ofensor de la deuda que tiene con usted y sacarlo de la prisión de la ira en la que usted lo ha tenido dentro de su corazón.

"Antes sed benignos unos con otros, misericordiosos, perdonándoos unos a otros, como Dios también os perdonó a vosotros en Cristo".

EFESIOS 4:32

> **Considere hacer de esta afirmación un hábito en su vida y en su matrimonio: "¡Perdonaré a los demás de la misma manera en que quiero que Dios me perdone a mí!"**

Extinción de incendios

OBLIGAR A LAS PAREJAS A TRANSFORMAR SUS MATRIMONIOS

"Cristo nos redimió de la maldición de la ley, hecho por nosotros maldición (porque está escrito: Maldito todo el que es colgado en un madero), para que en Cristo Jesús la bendición de Abraham alcanzase a los gentiles, a fin de que por la fe recibiésemos la promesa del Espíritu".

GÁLATAS 3:13-14

LLEVAR SU CORAZÓN AL PERDÓN

Podemos comenzar a practicar su modelo de amor y perdón en nuestras relaciones y actitudes.

9. **Marque una acción que usted intentará poner en práctica en alguna esfera de su vida durante la próxima semana.**

___ **Pídale a Dios que le muestre por qué usted hace lo que hace (Salmo 139:23).**

___ **Confiese para que pueda comenzar la sanidad (Santiago 5:16).**

___ **Otorgue misericordia y perdón a cualquiera que le haya herido (Marcos 11:25). Diga: "Yo perdono". A menudo, después que alguien muere, cargamos culpa que todavía necesitamos perdonar.**

___ **Reciba el perdón al aceptar el perdón de Dios y al perdonarse a sí mismo (1 Juan 1:9-10).**

___ **Celebre el perdón con acción de gracias y con adoración (Salmos 30; 32).**

___ **Haga el compromiso de nunca dejar de perdonar a los demás (Salmo 22:22).**

"Y a Aquel que es poderoso para hacer todas las cosas mucho más abundantemente de lo que pedimos o entendemos, según el poder que actúa en nosotros".

EFESIOS 3:20

El acto de perdonar comienza y termina con una rendición total a Cristo. Como muestran Gálatas 3:13-14 y Efesios 3:20 (al margen), solo al rendirse a Cristo, el poder de Él puede obrar dentro de usted. Sin embargo, incluso dando lo mejor de sí, usted no es capaz de vivir de acuerdo a las normas de Dios.

Pero con Cristo podemos ser liberados y podemos perdonar. Esta es la manera de amar a su cónyuge incondicionalmente.

A prueba de incendios

Comprometerse mediante la reflexión y la oración

Una manera de expresar su compromiso de vivir perdonando es librar a su cónyuge de requisitos y aceptarle sin condiciones, igual que Cristo le acepta a usted. Es hora de escribir su propio compromiso en el espacio que aparece debajo de Expresar estas verdades al.

Señor, al pedirte influencias piadosas para poner a prueba de fuego mi matrimonio, yo decido:

___ *A*mar a mi cónyuge al…
no permitir nunca que el sol se ponga sobre mi enojo.

___ *M*anifestar estas verdades al…

___ *A*preciar mi matrimonio al…
escuchar a mi cónyuge y sentir el dolor de mi pecado cuando no doy en el blanco. No defenderé mi punto de vista sino que buscaré el comprender y asumir la responsabilidad por mis actos.

___ *R*endirme a Dios al…
seguir el ejemplo del perdón de Cristo en mi matrimonio. Decido no aferrarme al pasado. Elijo perdonar.

UNA ORACIÓN POR EL PERDÓN

Padre, el mayor milagro de mi vida es la anchura
de tu perdón. Me asombra tu amor por mí.

Reconozco que hay ocasiones en las que
he herido y ocasiones en las que me han
herido. Oro para que la gracia, el amor y
el perdón que fluyeron sobre mí también
fluyan libremente en mi matrimonio.

Enséñame a perdonar como he sido perdonado.
Te pido que me ayudes a ser el primero en iniciar
la reconciliación en mi hogar. Amén.

VIVIR EL DESAFÍO DEL AMOR ESTA SEMANA

Esta semana tome el desafío de expresar su amor de una
manera tangible a su cónyuge. Comience al orar por
inspiración y creatividad. ¡Dé todo de sí al vivir el desafío!

**Continúe en *El desafío del amor*
leyendo los días 26-30.**

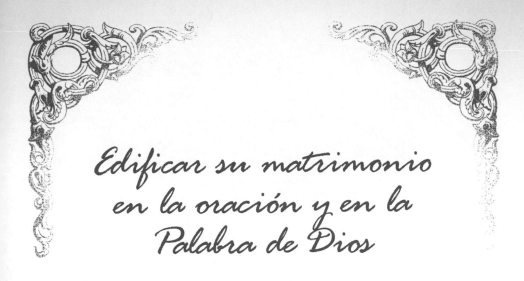

Edificar su matrimonio en la oración y en la Palabra de Dios

El matrimonio es un regalo hermoso y de valor incalculable que Dios nos da. Al mantenerse siendo una persona educable, usted aprende a hacer aquello que es lo más importante en el matrimonio: amar (1 Corintios 13:3).

Colocar todos los aspectos de su matrimonio bajo la autoridad de la Palabra de Dios y de la oración es la mejor decisión para el éxito final de su matrimonio.

Encienda

IDEAS Y TEMAS DE CONVERSACIÓN PARA COMENZAR

1. ¿Cuáles eran algunas de sus comidas favoritas cuando era pequeño?

   ¿Qué desastre relacionado con una receta recuerda usted?

   ¿Existe en su vida alguna receta que pueda provocar un desastre?

SU DESAFÍO DEL AMOR EN ACCIÓN

La semana pasada, en los días 26-30 de El *desafío del amor,* ustedes pudieron pasar algún tiempo conversando de asuntos pasados.

2. ¿Qué tipo de asuntos se trataron? ¿Pueden contar al grupo algún problema que estén enfrentando juntos?

   __ Financiero   __ Hijos

   __ Comunicación   __ Suegros

   __ Confianza   __ Sexual

   __ Conducta

   ¿Qué diferencia marcó cuando prestaron atención a cualquier expectativa no realista que tuvieran con relación a su cónyuge? (Día 27)

Prepárese

INVOLUCRARSE EN UN ESTUDIO PERTINENTE DE LAS ESCRITURAS

Carlos:	¿Estás segura de que podemos hacer esto?
Ana:	Daniel y Julia lo hacen habitualmente. Ella dice que es lo mejor que le ha pasado a su matrimonio.
Carlos:	¿De veras? ¿Eso es lo que ella dice?
Ana:	Tú has visto la mejoría.
Carlos:	Entonces, ¿ellos solo llegan y dicen cualquier cosa que tengan en la mente?
Ana:	Definitivamente.
Carlos:	¿Y qué va a pensar él?
Ana:	Yo creo que él ya lo sabe.
Carlos:	No me siento apto y me da un poco de pena. Entonces, ¿qué vas a decir tú?
Ana:	No estoy segura. Yo tampoco sé por dónde empezar.
Carlos:	Entonces, ¿no debemos primero estudiar un poco más?
Ana:	Carlos, tú sabes que lo necesitamos. Empecemos y ya.
Carlos:	Está bien, tienes razón.
Ana:	Vamos.
Carlos y Ana:	*"Señor, aquí estamos".*

3. ¿Por qué nos resulta tan difícil orar en pareja?

La oración establece nuestro rumbo y energía: la luz en la pista, la comunicación con la torre de control. Sin embargo, muchas personas, como Carlos y Ana en nuestro diálogo, no saben qué es la oración ni cómo comenzar, mucho menos saben aprovechar sus amplios recursos. La oración es una comunicación directa con Dios.

MOMENTOS DE
LA PELÍCULA
Vea el fragmento 9 de
FIREPROOF: "Oración
frente a la cruz".
Coméntelo usando la
actividad número 4.

4. **En este fragmento, ¿por qué cree usted que Caleb está derramando su corazón ante Dios de una forma tan desesperada?**

¿Qué sucede cuando comenzamos a orar por nuestros cónyuges?

Describa una ocasión en la que usted oró por un cambio radical en su matrimonio.

PARA COMENZAR

1. Ore por usted mismo
2. Ore por su cónyuge
3. Oren juntos
4. Oren con su familia

La oración funciona. Es un fenómeno espiritual que creó un Dios ilimitado y poderoso. Y produce resultados increíbles.

¿Tiene ganas de renunciar a su matrimonio? Jesús dijo que oráramos en lugar de rendirnos (Lucas 18:1). ¿Está usted estresado y preocupado? La oración puede producir paz en medio de sus tormentas (Filipenses 4:6-7). ¿Necesita usted un cambio radical? La oración puede marcar la diferencia (Hechos 12:1-17).

CONSTRUCCIONES SÓLIDAS

El Sermón del Monte nos ofrece una guía práctica para construir nuestros matrimonios y nuestros hogares.

> 5. **Lea Mateo 7:24-27. ¿Qué principios de estos versículos se aplican a las relaciones matrimoniales?**

El no construir sobre el fundamento adecuado es tan insensato como peligroso. Según 1 Samuel 12:23: "lejos sea de mí que peque yo contra Jehová cesando de rogar por vosotros; antes os instruiré en el camino bueno y recto". Samuel veía la falta de oración como un pecado contra Dios. Debemos orar por nuestros cónyuges y con ellos.

El llamado de Samuel a la oración llegó a Israel ante la inminencia de una terrible amenaza de guerra por parte de un reino malvado. Saúl llamó a los hombres a la guerra pero actuaba basándose en la seguridad en sí mismo y peleaba bajo el recurso de su propia fuerza. Eso no era suficiente y Samuel lo sabía.

Se nos llama a cooperar con Dios en nuestras batallas personales. Dios quiere que nos unamos a él pero, por el contrario, a menudo decimos: "Yo mismo lo arreglaré".

LA ORACIÓN DEBE SER...

Auténtica

Estratégica

Coherente

Bíblica

Ilimitada

Inmediata

Apasionada

¿Qué palabras añadiría usted al encontrarse con Dios en la oración?

La oración no tiene que ser complicada ni sonar piadosa con grandes palabras religiosas. Puede ser que usted simplemente hable con Dios honestamente acerca de la situación en que está y lo que usted siente y necesita. No trate de impresionar a nadie durante la oración. Solo sea humilde y honesto delante de Dios.

NOS MOLDEA PARA SUS PROPÓSITOS

Construir sobre el fundamento correcto también significa pasar tiempo en la Palabra de Dios, la Biblia. La Palabra de Dios es la manera en que él se nos revela.

Una de las cosas más impresionantes acerca de la Biblia es la manera en que está concatenada, con temas coherentes que van de principio a fin. Aunque se escribió en un lapso de unos 1,600 años y fue compuesta por más de cuarenta autores de varios orígenes, Dios soberanamente la escribió con una sola voz. La Biblia es santa, no yerra, es infalible y es completamente fidedigna (Proverbios 30:5-6; Juan 17:17, Salmo 119:89). Dios sigue hablándonos hoy por medio de ella.

La Biblia es útil para enseñar, amonestar, corregir y enseñar en justicia. Estos versículos le dan un sello santo de aprobación a la Palabra de Dios para que nuestras vidas y matrimonios tomen su forma.

> "Toda la Escritura es inspirada por Dios, y útil para enseñar, para redargüir, para corregir, para instruir en justicia, a fin de que el hombre de Dios sea perfecto, enteramente preparado para toda buena obra".
> *2 Timoteo 3:16-17*

6. ¿Cómo la Palabra Dios...

- **le ha** *corregido o redargüido* **según el transcurso de su matrimonio?**

- le ha *instruido* para convertirse en un cónyuge piadoso?

- le ha *preparado* para toda buena obra, incluyendo el permanecer firme durante una época difícil?

TIEMPO EN PAREJAS

7. Mencionen el uno al otro tres cosas por las que les gustaría que la otra persona comenzara a orar por usted.

¿Qué sueños para el futuro tienen que requerirán oración?

La Biblia es la Palabra de Dios
Si yo...
Creo su verdad, seré libre (Juan 8:32).
La escondo en mi corazón, sentiré protección en tiempos de tentación (Salmo 199:11).
Permanezco en ella, me convertiré en un verdadero discípulo (Juan 8:31).
Medito en ella, tendré éxito (Josué 1:8).
La guardo, seré recompensado y mi amor perfeccionado (Salmo 19:7-11; 1 Juan 2:5).

DE "LA PALABRA DE DIOS EN MI VIDA," PÁGINAS 208-09, EL DESAFÍO DEL AMOR

Esposos y esposas traen al matrimonio sus tradiciones culturales y los hábitos familiares. Tienen ideas acerca de cómo debe funcionar su nuevo hogar. La práctica más unificadora es filtrar todas esas tradiciones e ideas por la Palabra de Dios y dejar que su voz les dé dirección en cuanto a cómo vivir como pareja y como familia.

Extinción de incendios

OBLIGAR A LAS PAREJAS A TRANSFORMAR SUS MATRIMONIOS

PRUEBE QUÉ INFLUYE EN SU FAMILIA

Todavía en parejas, hagan este ejercicio por separado y conversen acerca de sus respuestas. En los espacios en blanco que aparecen debajo, escriban la(s) letra(s) que representan fuentes de gran influencia en cada aspecto de su vida matrimonial y familiar. Por ejemplo, si sus puntos de vista acerca de los roles se basan en lo que sus padres creían, escriba la letra F.

C - Cultura
F - Tradiciones familiares
P - Preferencias personales
D - Palabra de Dios

Valores/prioridades familiares: _____

Metas/dirección de la familia: _____

Roles del esposo y de la esposa: _____

Nuestro punto de vista sobre el matrimonio: _____

Cómo resolvemos los conflictos: _____

Crianza de los hijos: _____

Decisiones financieras: _____

Nuestra relación sexual: _____

A prueba de incendios

COMPROMETERSE MEDIANTE LA REFLEXIÓN Y LA ORACIÓN

Al escribir aquí su compromiso, asegúrese de que la oración y la Palabra de Dios sean su fuente de energía para lograr esos compromisos, no solo con su cónyuge sino con Dios.

Señor, al pedirte influencias piadosas para poner a prueba de fuego mi matrimonio, yo decido:

__ *A*mar a mi cónyuge al…

__ *M*anifestar estas verdades al…

__ *A*preciar mi matrimonio al…

__ *R*endirme a Dios al…

Una oración por la búsqueda de Dios

Dios padre:
¡Me veo tan tentado a actuar en lugar de orar!
Perdóname por la vida ocupada y distraída que a menudo vivo
fuera de los límites de tu Palabra y tu voz.
Hoy decido buscarte a ti primero.

Primero… antes que salvar la situación por mí mismo
Primero… antes que las voces urgentes me saquen de tu presencia
Primero… en lugar de las opiniones de otros
Primero… antes que saciar mis ansias de ser visto o admirado.

Declaro que tu Palabra es fiel y verdadera. Tú eres mi fundamento,
mi luz, mi dirección y mi esperanza. Ayúdanos a renunciar a que
nuestro matrimonio gire alrededor de nosotros.
Que gire alrededor de ti. Amén.

Vivir el desafío del amor esta semana

Le desafiamos a orar con su cónyuge esta noche antes de irse a dormir. Oren por las tres cosas que cada uno mencionó durante esta sesión. Luego hagan de esto un nuevo hábito en su matrimonio.

Esta semana en *El desafío del amor* usted experimentará los días del 31 al 35. Al llegar al final de una jornada increíble, recuerde que el día 43 es tan importante como el primer día.

Establecer un pacto matrimonial

OCTAVA SESIÓN

El matrimonio es sagrado, una relación de pacto
en la que se glorifica a Dios. Al expresar sus votos
matrimoniales a él y el uno al otro, su matrimonio
honra a Dios y es un testimonio para otros.

Encienda

En el matrimonio aprendemos mucho uno del otro mediante las actividades cotidianas de la vida.

1. Hablen de algunas "reglas no escritas" de su matrimonio. ¿Alguna de ellas tiene su historia?

   ¿Cuál es el contrato más serio que usted haya firmado jamás?

SU DESAFÍO DEL AMOR EN ACCIÓN

Al vivir los principios de los días 31 al 35 de El *desafío del amor*, usted continúa llevando su corazón a perdonar, honrar y amar incondicionalmente a su cónyuge.

2. Hasta el momento, ¿qué desafío ha tenido el mayor impacto positivo en usted y en su matrimonio? Cuénteselo al grupo.

   ¿Qué características de una conducta que refleje a Cristo observó y reafirmó en su cónyuge durante esta semana?

   ¿Cómo está usted apoyándose más en las opiniones y preocupaciones de su cónyuge a medida que juntos enfrentan decisiones cruciales?

Prepárese

INVOLUCRARSE EN UN ESTUDIO PERTINENTE DE LAS ESCRITURAS

Vivimos en un mundo de arreglos prenupciales, esposas para satisfacer conveniencias y divorcios de mutuo acuerdo en los que el matrimonio solo se considera un pedazo de papel, un contrato. Por definición, un contrato es un medio de establecer obligación legal y responsabilidad limitada; de garantizar que ante todo se traten nuestros asuntos y de asegurar que alguien cumpla con un mínimo de requisitos. Un contrato debe hacerse por escrito porque se hace por desconfianza y puede romperse por mutuo consentimiento.

3. ¿Qué peligro ve usted al aplicar la mentalidad de contrato a su matrimonio?

¿Alguna vez usted ha tenido que romper un contrato?

A través de la historia Dios ha iniciado relaciones cariñosas, de confianza y permanentes con su pueblo. Para bien nuestro él ha hecho promesas verbales que llamamos *pactos*, promesas que él nunca ha roto y a las que nunca faltará. Nuestro Dios es un Dios de pactos.

Observe al margen algunos ejemplos de pactos bíblicos. ¿Alguna vez se ha fijado que con frecuencia hay un tipo de símbolo (circuncisión, un arco iris, la copa y el pan de Jesús) que marca un pacto?

PACTOS

Noé: Dios nunca volvería a destruir toda la humanidad mediante un diluvio.

Abraham: Toda una nación vendría a partir de sus descendientes.

Moisés: Israel sería el pueblo especial de Dios.

David: Un gobernante se sentaría en su trono para siempre y el Mesías vendría de su linaje.

El nuevo pacto: La sangre de Jesús provee perdón y vida eterna para aquellos que creen.

MOMENTOS DE LA PELÍCULA

Vea el fragmento 10 de Fireproof: "Renovación de votos". Coméntelo usando la actividad número 5.

4. ¿Qué símbolo normalmente asociamos con el pacto del matrimonio? ¿Por qué cree usted que sea así?

5. ¿En qué cree usted que fue diferente esta renovación de votos de los votos que Caleb y Catherine intercambiaron cuando se casaron?

Así que no miraré más a la ofrenda, para aceptarla con gusto de vuestra mano. Mas diréis: ¿Por qué? Porque Jehová ha atestiguado entre ti y la mujer de tu juventud, contra la cual has sido desleal, siendo ella tu compañera, y la mujer de tu pacto".

MALAQUÍAS 2:13-14

Lea Malaquías 2:13-14 (al margen). ¿Qué cree usted que significa que Dios "ha atestiguado" nuestros votos? ¿Qué diferencia representa esto?

De manera intencional o no, incluso el acto de escribir nuestros propios votos es una evidencia del hecho de que hemos comenzado a definir el matrimonio según nuestras propias condiciones. El hecho de que Dios sea testigo de nuestros votos (Malaquías 2:14) significa que los votos que hacemos a nuestro cónyuge también los hacemos a Dios. Estamos creando un pacto entre nosotros, Dios y nuestro cónyuge que jamás debe romperse.

Un pacto matrimonial para toda la vida significa…

Camaradería para toda la vida

La relación matrimonial es un regalo que ofrece una camaradería abundante, profunda y significativa durante toda la vida (Génesis 2:22-24).

6. ¿Qué diferencia cree usted que hay entre este tipo de camaradería y simplemente disfrutar tiempo juntos?

¿Qué indican las palabras de Jesús en Mateo 19:6 (al margen) acerca de la naturaleza del vínculo entre un esposo y una esposa?

Apoyo para toda la vida

"Mejores son dos que uno; porque tienen mejor paga de su trabajo. Porque si cayeren, el uno levantará a su compañero; pero ¡ay del solo! que cuando cayere, no habrá segundo que lo levante". Eclesiastés 4:9-10

7. ¿Cómo ha experimentado usted, o ha observado a otras parejas experimentar, el apoyo del que habla Eclesiastés 4:9-10?

"Y de la costilla que Jehová Dios tomó del hombre, hizo una mujer, y la trajo al hombre. Dijo entonces Adán: Esto es ahora hueso de mis huesos y carne de mi carne; ésta será llamada Varona, porque del varón fue tomada. Por tanto, dejará el hombre a su padre y a su madre, y se unirá a su mujer, y serán una sola carne."

Génesis 2:22-24

"Así que no son ya más dos, sino una sola carne; por tanto, lo que Dios juntó, no lo separe el hombre."

Mateo 19:6

¿Qué está buscando Dios en el versículo siguiente?

"¿No hizo él uno, habiendo en él abundancia de espíritu? ¿Y por qué uno? Porque buscaba una descendencia para Dios. Guardaos, pues, en vuestro espíritu, y no seáis desleales para con la mujer de vuestra juventud". Malaquías 2:15

El pacto matrimonial no solo ofrece apoyo para cada cónyuge sino también para los hijos. El plan de Dios para la procreación está dentro del pacto del matrimonio de una sola carne y para toda la vida.

LOS VOTOS

MATRIMONIALES SON…

Premeditados

Se pronuncian en públicos

Tienen a otros de testigos

¿Cómo pueden esposos y esposas apoyarse unos a otros en:

La crianza de los hijos   **La intimidad espiritual**

Su vocación   **Las finanzas**

La salud   **El perdón**

Hábitos/adicciones   **Fortaleza para toda la vida**

8. ¿Recuerda usted una ocasión en la que estaba pasando por una situación difícil y su cónyuge pudo animarle, reconfortarle o incluso pelear a su favor como menciona Eclesiastés 4:11-12?

Responsabilidad para toda la vida

"Así que, hermanos, os ruego por las misericordias de Dios, que presentéis vuestros cuerpos en sacrificio vivo, santo, agradable a Dios, que es vuestro culto racional. No os conforméis a este siglo, sino transformaos por medio de la renovación de vuestro entendimiento, para que comprobéis cuál sea la buena voluntad de Dios, agradable y perfecta".
Romanos 12:1-2

9. Según el desafío de Pablo en Romanos 12, ¿cómo cree usted que se mejora la idea general de seguir a Jesús mediante un pacto matrimonial?

¿Recuerda usted una oportunidad en la que su cónyuge le ayudó a mantener una actitud de siervo como la que se menciona en Filipenses 2:5-7?

También si dos durmieren juntos, se calentarán mutuamente; mas ¿cómo se calentará uno solo? Y si alguno prevaleciere contra uno, dos le resistirán; y cordón de tres dobleces no se rompe pronto.
ECLESIASTÉS 4:11-12

LOS VOTOS
MATRIMONIALES
TIENEN...
Obligación legal
Obligación espiritual
Obligación física

"Haya, pues, en vosotros este sentir que hubo también en Cristo Jesús, el cual, siendo en forma de Dios, no estimó el ser igual a Dios como cosa a que aferrarse, sino que se despojó a sí mismo, tomando forma de siervo, hecho semejante a los hombres".
FILIPENSES 2:5-7

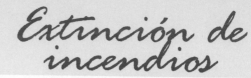

Extinción de incendios

Obligar a las parejas a transformar sus matrimonios

> *"Sea bendito tu manantial,*
> *Y alégrate con la mujer de*
> *tu juventud…Sus caricias te*
> *satisfagan en todo tiempo, y*
> *en su amor recréate siempre".*
>
> PROVERBIOS 5:18-19

Juan 10:10 nos dice que mientras que el ladrón viene a matar, robar y destruir, Jesús viene para que tengamos una vida abundante.

10. Tome un instante para enumerar las maneras en que el ladrón (Satanás) puede matar, robar y destruir el pacto del matrimonio.

¿Cómo cree usted que es la vida abundante en un pacto matrimonial?

> *"…Dios…nos da todas las*
> *cosas en abundancia para*
> *que las disfrutemos…"*
>
> 1 TIMOTEO 6:17

¡El matrimonio debe ser divertido! El pacto matrimonial lleva esa alegría a dimensiones aun más profundas y más enriquecedoras. La relación que Caleb y Catherine descubrieron se caracteriza tanto por su transformación como por su entrega.

Esposos: ¿Qué sucedería en su matrimonio si ustedes se dedicaran a amar, honrar y servir a su esposa en todas las cosas?

Esposas: ¿Qué sucedería si usted se propusiera como misión hacer todo lo posible para fomentar la unidad de corazón con su esposo? (El desafío del amor, p. 148)

> *"Completad mi gozo,*
> *sintiendo lo mismo teniendo*
> *el mismo amor, unánimes,*
> *sintiendo una misma cosa".*
>
> FILIPENSES 2:2

Cuando las parejas viven su matrimonio de esta manera, realmente es un matrimonio sagrado. Las Escrituras enseñan que el pacto matrimonial es una imagen clara de la relación de Dios el Padre con Dios el Hijo y de Cristo con su novia, la iglesia (1 Corintios 11:3; Efesios 5:22-25).

A prueba de incendios

COMPROMETERSE MEDIANTE LA REFLEXIÓN Y LA ORACIÓN

II. ¿En qué formas puede usted imaginar su matrimonio como un testimonio para otros?

Cuando sus votos matrimoniales son verticales, expresados tanto a Dios como a su cónyuge, entonces su matrimonio se convierte en un testimonio al mundo de la gloria de Dios.

Señor, al pedirte influencias piadosas para poner a prueba de fuego mi matrimonio, yo decido:

__ *A*mar a mi cónyuge al…

__ *M*anifestar estas verdades al…

__ *A*preciar mi matrimonio al…

__ *R*endirme a Dios al…

UNA ORACIÓN POR UN PACTO MATRIMONIAL

Dios padre:
Somos un grupo que quiere seguir en
relaciones y pactos auténticos.
Necesitamos que agudices nuestra visión y que
restaures lo roto que hay en nuestros espíritus.

Necesitamos la unidad que solo tú puedes dar.
Necesitamos seguirte con una lealtad
inquebrantable, así que te pedimos tu fortaleza y
la transformación que se ofrece en tu palabra.

Sin ti, ¿cómo podemos prometer alguna cosa?
Dependemos totalmente de ti.

Danos pasión y fuerza para que nuestros
matrimonios estén a prueba de incendios.
En el nombre de Jesús, Amén.

Catherine:"
 ¿En que día estás?"
Caleb:
 "43"
Catherine:
 "Solo tiene 40"
Caleb:
 "¿Quién dice que
 debo detenerme?"

MANTENER VIVO EL DESAFÍO DEL AMOR

Prepárese para una experiencia que cambiará su vida al reafirmar sus votos matrimoniales entre sí y para con Dios. Cree o participe en una experiencia que usted atesorará para siempre.

¿Quién dice que usted debe detenerse?

Culmine este proceso de grupo al terminar sus lecturas y desafíos correspondientes a los días 36-40.

Ideas para dirigir un grupo pequeño

1. Recuerde, como líder, usted nunca podrá transformar una vida. Usted debe llevar a su grupo al poder de una comunidad redentora, confiando en que el Espíritu Santo transformará las vidas en el camino.

2. La reunión debe parecer una conversación y no una clase. Tenga cuidado de no decir algo así: "Ahora vamos a responder las preguntas de la sección 'Prepárese'".

3. Recuerde, un buen líder de grupo habla menos del diez por ciento del tiempo. Así que no le tema al silencio. Si crea un ambiente en el que usted llena los vacíos del silencio, el grupo pronto aprenderá que no necesita unirse a la conversación.

4. Todo grupo tiene personas que tienden a dominar la conversación. Esto no es saludable para el grupo y es frustrante para los miembros. Como líder, trate de lidiar con eso de manera enérgica pero cortés. Diga algo así: "Gracias, Roberto, por sus ideas. Ahora, escuchemos a alguien que todavía no haya hablado".

5. Cada sesión contiene más material del que usted posiblemente pueda usar en una hora. Tal vez prefiera escoger y seleccionar aquellas preguntas o actividades que le parezcan más importantes o sencillamente extienda su reunión a una hora y media. Cualquiera que sea su elección, asegúrese de valorar el tiempo de sus asistentes.

6. Sea sensible a la dirección del Espíritu Santo en asuntos que requieran más tiempo. Recuerde, las personas y sus necesidades son mucho más importantes que completar todas las preguntas.

Guía para el líder

- Considere iniciar su experiencia de El desafío del amor al ver la película FIREPROOF como grupo en una casa. Concluyan su estudio con una actividad de renovación de pactos. (Consulte el CD-ROM para obtener ideas.)
- En una iglesia o en el marco de otro grupo grande, considere mesas redondas para grupos pequeños, con una pareja que guíe a cada grupo.
- Las actividades interactivas aparecen en **negritas** y con números. Si no tiene tiempo para todas las partes, solo use la pregunta principal.
- En algunas ocasiones puede agrupar a los hombres y a las mujeres por separado para una actividad, o hacer las actividades en parejas.
- Aunque en esta guía para el líder se sugieren espacios de tiempo, establezca el mejor horario para su grupo. Si solo tiene una hora disponible, intente, por lo menos, aumentar las sesiones 1 y 8 para permitir toques especiales (refrigerios, evaluación, etc.).

Formato para grupos pequeños

1. ENCIENDA: *Rompehielos*
2. REVISIÓN DEL DESAFÍO DEL AMOR
3. PREPÁRESE: *Presentar el tema/estudio bíblico*
4. EXTINCIÓN DE INCENDIOS: *Ayudar a las parejas a transformar sus matrimonios.*
5. A PRUEBA DE INCENDIOS: *Compromisos/ Conclusión/Oración*

Sesión 1

ENCIENDA (10 MINUTOS)

De una manera entusiasta dé la bienvenida al grupo para el estudio bíblico de El desafío del amor. Preséntese y también a los líderes de los grupos pequeños. Distribuya los libros El *desafío del amor: Estudio bíblico.*

Utilice rompehielos para fomentar la comunidad y ayudar a las parejas a conocerse más. Mantenga la **actividad 1** alegre y divertida.

Recalque a todo el grupo: *Se les está desafiando a pensar diferente.* Revisen el pacto del grupo (página 6) y describa cómo debe permanecer confidencial cada asunto que se trate en el grupo.

Como una **opción** para *Describa una ocasión en la que usted siguió su corazón y luego se arrepintió,* dé su propio ejemplo. Tal vez el grupo no esté listo para hablar de cosas personales.

Reparta los diarios El *desafío del amor.* Hable brevemente del formato y de cómo las sesiones futuras incluirán un tiempo para un repaso.

PREPÁRESE (15-20 MINUTOS)

Prepare la película FIREPROOF si su grupo no se reunió para verla. **Los momentos de la película** proporcionan un medio para examinar temas y asuntos bíblicos e incorporarlos a nuestras relaciones.

El Fragmento 1 ("En las buenas o en las malas") subraya la manera en que la gente piensa acerca del amor. La metáfora de la sal y la pimienta es poderosa (la sal y la pimienta siempre se distinguen con propósitos muy peculiares = el plan de Dios para la creación). Cuando Michael pega los saleros introduce el pacto matrimonial y la permanencia de los votos.

Ayude a las parejas a examinar sus relaciones al analizar lo que atesoran. Use las Escrituras y el **fragmento 2 ("Dirige tu corazón")** para establecer la distinción entre seguir el corazón y guiarlo.

EXTINCIÓN DE INCENDIOS (15 MIN.)

Pida a un voluntario que lea en voz alta el Salmo 139:23. Lleve al grupo a personalizar maneras de proteger sus corazones y concéntrese en llevar sus corazones a Dios

A PRUEBA DE INCENDIOS (10 MIN.)

Una oración impresa capta los compromisos que se hacen cada semana. Al concluir, oren por corazones transformados.

Si lo prefiere, desarrolle su propia oración o sugiera a las parejas que lo hagan. La idea es concentrarse en Dios y en su poder. Asegúrese de que los cónyuges oren unos por otros y por las parejas del grupo.

LECTURAS EL DESAFÍO DEL AMOR

Concluya: *Al comenzar las lecturas 1-5 de El desafío del amor, usted descubrirá mejor qué significa vivir de manera práctica el liderazgo de su corazón. Atrévase a fomentar una nueva disciplina. ¡Acepte el desafío!* Destaque el Apéndice 4 y la Introducción.

Sesión 2

Esta sesión continúa enfocándose en guiar el corazón mientras el grupo analiza influencias tanto positivas como negativas.

De antemano consiga dos rosas y deje que una se marchite (o póngala en el microondas durante un minuto). Coloque ambas rosas en un jarrón.

ENCIENDA (10 MINUTOS)

Dé la bienvenida a los miembros que regresan e involucre a los que vengan por primera vez en los grupos pequeños.

Variante: Escriba en una pizarra las preguntas de la **Actividad 1**. Al llegar los miembros, pídales que escriban las respuestas en unas tarjetas. Jueguen a "la papa caliente". La persona que se quede con la papa caliente debe responder la pregunta.

REVISIÓN DE EL DESAFÍO DEL AMOR (10 MINUTOS)

Dedique tiempo extra a la revisión ya que es la primera semana de las lecturas. Use como ayuda "Verdades poderosas de *El desafío del amor*". Una buena manera de animar a su grupo es contar una historia de su trayectoria personal.

PREPÁRESE (15 MINUTOS)

Muestre las dos rosas y comente: *Es más que difícil, ¡es imposible cultivar una rosa en una casa incendiada!* Prosiga a las preguntas de la **actividad 3** manteniendo el tema de apagar el incendio.

Use **el fragmento número tres ("Él dice, Ella dice/llamada telefónica")** con la **actividad 4** para comparar las presiones de la sociedad con un apoyo piadoso. Otros temas de la película que pudieran surgir son: mala comunicación, el impacto de las palabras, chismes, respeto, diferencias entre hombres y mujeres.

Antes de pasar a la **actividad 8** pida a un voluntario que lea Génesis 3:1-6 en voz alta. Anime a su grupo a pasar algún tiempo para evaluar cómo las influencias negativas erosionan lentamente un matrimonio. Si le parece, ponga a un volumen bajo una canción que se usó en la película ("*Slow Fade*" de *Casting Crowns*).

Recuerde al grupo cómo dirigen sus corazones al reemplazar las influencias negativas con influencias piadosas.

EXTINCIÓN DE INCENDIOS (15 MINUTOS)

Invite a las parejas a debatir juntas las **Preguntas para parejas**.

A PRUEBA DE INCENDIOS (10 MINUTOS)

Presente el acróstico de AMAR como una manera de expresar los compromisos del matrimonio (**actividad 9**). Explique: *Usted comenzará a elaborar su propio acróstico durante el estudio.* Invite a las parejas a formar un círculo y orar en silencio por influencias piadosas mientras usted los dirige a través del acróstico.

LECTURAS DE EL DESAFÍO DEL AMOR

Anime: *Únase a Dios en su obra para fortalecer su matrimonio. ¡Viva el desafío! Lea y ponga en práctica los días del 6 al 10.*

Sesión 3

En un lugar visible de la habitación coloque un trofeo deportivo, una placa o algún otro reconocimiento.

ENCIENDA (10 MINUTOS)

Muestre una foto de usted cuando era niño/a o de cuando era alumno de secundaria. Esté preparado para mencionar a alguien a quien usted admiraba cuando era niño/a.

REVISIÓN DE EL DESAFÍO DEL AMOR (10 MINUTOS)

Pida a una pareja que lea alternadamente las descripciones modernas del amor.

Analícelas mediante una o más preguntas de la **actividad 2** con "Verdades poderosas de El desafío del amor". Mientras hablan de cómo les fue en esta semana, ¡evite la tentación de sembrar la culpa dentro del grupo!

PREPÁRESE (20 MINUTOS)

Sea sensible al intenso impacto del **fragmento 4**, "La gran pelea". Prepárese para responder a opiniones y emociones.

Recluta a tres voluntarios que lean una declaración en el momento indicado o para preparar las ayudas visuales.

Pida al primer voluntario que lea *Definición de honor: tratar a alguien o algo como excepcional o especial*; continúe con la **actividad 3**.

Pida al voluntario 2 que lea: "*Un hombre es aproximadamente tan grande como las cosas que lo enojan*" (Winston Churchill). Luego vean el **fragmento 4** y realicen la **actividad 4**. Hablen acerca de cómo las reglas del honor quedaron totalmente destruidas en esta escena.

El **fragmento 5** comunica cómo la desilusión puede colarse en una relación. Con las Escrituras y la **actividad 6**, guíe a las parejas a examinar cómo las ideas, palabras y acciones expresadas con ligereza o con cinismo pueden jugar un papel. Permita a las parejas un tiempo de calidad mediante la **actividad 7**.

EXTINCIÓN DE INCENDIOS (15 MINUTOS)
El honor y el respeto juegan un papel en la manera en que una pareja maneja los conflictos (**actividades 9 y 10**). Antes de la actividad 10 pida al tercer voluntario que lea del día 15 de El *desafío del amor*: "Decir que su pareja debe ser 'sagrada' para usted no significa que él o ella sea perfecto… Una persona convertida en sagrada para usted tiene un lugar sin rivales en su corazón".

Ayude a las parejas a comenzar a escribir su propio acróstico.

A PRUEBA DE INCENDIOS (10 MINUTOS)
Recuerde a las parejas: Si usted está valorando a su cónyuge ¡usted está honrando a Cristo! Termine pidiendo en oración un corazón de siervo.

LECTURAS DE EL DESAFÍO DEL AMOR
Recuerde: El *desafío del amor* es un libro para poner en práctica. ¡Esa es la manera en que funciona!

Sesión 4

ENCIENDA (10 MIN.) ¡Disfrute este tiempo!

REVISIÓN DE EL DESAFÍO DEL AMOR (5 MINUTOS)
Para hacer la revisión, utilice las preguntas de la **actividad 2** y las "Verdades poderosas de El *desafío del amor*".

PREPÁRESE (20 MINUTOS)
Anime a los miembros del grupo a comentar cómo han aclarado malos entendidos/falsas suposiciones en sus matrimonios. Debatan las **actividades 4-6** a la luz del **fragmento 6** de la película y de Marcos 1:40-45.

Variante: Desarrolle un "Medidas de seguridad emocional". Haga que las parejas evalúen (1, *nada en lo absoluto, 10 por completo*) la medida en que su *cónyuge: Me confía su corazón; Se siente emocionalmente seguro conmigo; Me cuenta sus verdaderos sentimientos y necesidades; Me cuenta sus secretos; Sabe que no le humillaré ni le rechazaré.*

EXTINCIÓN DE INCENDIOS (15 MIN.)
Las **actividades 7-10** ayudan a las parejas a aprender sobre sus cónyuges, escucharles y respetarles.

A PRUEBA DE INCENDIOS (10 MIN.)
Permita a las parejas continuar llenando el acróstico AMAR.

LECTURAS DE EL DESAFÍO DEL AMOR
Destaque el Apéndice 2, "20 preguntas para su cónyuge".

Sesión 5

ENCIENDA (10 MINUTOS)

Sin hacer comentarios, entregue a cada persona un pequeño regalo a medida que entre. Todo el mundo recibirá un regalo del mismo valor sin tener que pedirlo.

REVISIÓN DE EL DESAFÍO DEL AMOR (5 MINUTOS)

Para hacer la revisión, utilice las preguntas de la **actividad 2** y las "Verdades poderosas de El *desafío del amor*". Las respuestas del grupo durante esta revisión también pueden ser útiles durante la séptima sesión.

Comente los ejemplos modernos de amor incondicional. Pida al grupo que mencione ocasiones en que las han visto expresadas.

PREPÁRESE (20 MINUTOS)

Prepare el **fragmento 7** de la película y las actividades de apoyo: Caleb lleva 20 días haciendo El *desafío del amor* y está listo para dejarlo todo a un lado porque Catherine está muy insensible.

Haga énfasis en cómo la pregunta de Caleb "¿Cómo puedo mostrarle a alguien amor una y otra vez cuando siempre, siempre, siempre todo lo que hace es rechazarme?" muestra la profundidad del amor de Dios por nosotros. Destaque maneras en que la cruz cambia nuestra perspectiva.

Durante esta sesión observe señales de convicción en cualquiera que no sea cristiano. Esté disponible para conversar.

Permita a las parejas tiempo de calidad para realizar las **actividades 7** y **8**.

EXTINCIÓN DE INCENDIOS (15 MINUTOS)

La **actividad 9** puede ayudar a las parejas a ver cómo cada cónyuge se sacrifica y sirve en el matrimonio por el amor incondicional que solo proviene de Dios.

A PRUEBA DE INCENDIOS (5 MINUTOS)

Permita a las parejas pasar tiempo en sus acrósticos mientras descubren maneras de llevar a casa el amor incondicional. Pueden hacer nuevos compromisos o reafirmar los que ya hicieron.

Facilite un tiempo de adoración y alabanza para terminar. Considere cantar a capella varias canciones conocidas. Pida que dos o tres personas oren en voz alta y den gracias a Dios por la cruz.

LECTURAS DE EL DESAFÍO DEL AMOR

Desafío: *La semana próxima salga de su zona de comodidad espiritual con los días del 21 al 25. ¡Observe lo que Dios hará!*

Sesión 6

Mientras el grupo entra, ponga música. Escoja canciones con letras relacionadas con disculparse o estar arrepentido.

ENCIENDA (10 MINUTOS)
Continúe disfrutando el fomentar una comunidad mientras pasan a este asunto tan serio.

REVISIÓN DE EL DESAFÍO DEL AMOR (5 MINUTOS)
Para hacer la revisión, utilice las preguntas de la **actividad 2** y las "Verdades poderosas de El *desafío del amor*".

Anime al grupo a comentar experiencias que representen los asuntos que han solucionado como pareja.

Debatan esta afirmación: "Los grandes matrimonios no se producen porque las parejas dejen de pecar y de fallarse uno al otro. Se producen porque las parejas aprenden a nunca dejar de pedirse disculpas ni a perdonarse el uno al otro".

PREPÁRESE (20 MINUTOS)
La escena de la disculpa, el **fragmento 8**, presenta una actitud de verdadera pena y perdón a diferencia de una disculpa forzada. Al explorar la diferencia en Caleb con escenas anteriores debe permitir a algunas parejas ver su relación desde un ángulo diferente. El contraste también será dramático cuando usted compare el perdón con la falta de perdón.

(Si lo tiene disponible, utilice la radiografía de un hueso fracturado como un ejemplo práctico: Si algo está roto, además de cuán doloroso es, hay que ponerlo en su lugar o no sanará correctamente. El cuerpo entero se afecta.)

Haga énfasis en las respuestas a: "¿Qué significa perdonar verdaderamente a alguien?"

EXTINCIÓN DE INCENDIOS (15 MINUTOS)
Conceda un tiempo a las parejas para evaluar maneras prácticas con las que pueden guiar sus corazones para aplicar el perdón en sus matrimonios usando la **actividad 9**.

A PRUEBA DE INCENDIOS (5 MINUTOS)
Pudiera pedir a las parejas que analicen la oración impresa en busca de ideas adicionales en cuanto al perdón.

LECTURAS DE EL DESAFÍO DEL AMOR
Anime al grupo a seguir orando unos por otros durante la semana. Despedida: *¡Esta semana acepte el desafío de expresar su amor a su cónyuge de una manera tangible!*

Sesión 7

Variante: De antemano, invite a las parejas a traer un postre favorito a esta sesión.

ENCIENDA (10 MINUTOS)

Anime a las parejas a hablar de manera que sea cómoda tanto para los esposos como para las esposas. Aumente la diversión al pasar a una semana fuerte de desafíos del amor.

Las metas para esta sesión son que las parejas: (1) comiencen a orar juntas y unos por otros; y (2) que comiencen a edificar su matrimonio en la Palabra de Dios y a someter cada aspecto de su matrimonio/familia a la Palabra de Dios.

REVISIÓN DE EL DESAFÍO DEL AMOR (5 MINUTOS)

Para hacer la revisión, utilice las preguntas de la **actividad 2** y las "Verdades poderosas de *El desafío del amor*". Apoye a las parejas en su lucha con algunos asuntos difíciles.

PREPÁRESE (20 MINUTOS)

Varíe su enseñanza al pedir a una pareja animada que presente la dramatización (**página 67**) para poner el enfoque del grupo en la oración. No asuma que todo el mundo sabe qué es la oración o cómo se ora.

El **fragmento 9** ilustra la oración sincera de Caleb por la necesidad de Dios y su entrega a él, porque Catherine se salve y porque nada de lo que él hizo se interponga en el camino. Lleve a las parejas a considerar por qué deben orar y qué sucede cuando oran el uno por el otro y por otras personas (**actividad 4**).

Usted pudiera dar a cada pareja una piedra y una bolsa con arena mientras examinan Mateo 7:24-27 (**actividad 5**). Destaque: *Jesús señala dos fundamentos para la vida: el punto de vista secular y la vida basada en las verdades de Dios que aparecen en la Biblia y en la oración.*

Pase a examinar el papel de la Palabra de Dios en el matrimonio (**actividad 6**). Conceda un tiempo adecuado para las preguntas de las parejas.

EXTINCIÓN DE INCENDIOS (15 MIN.)

Anime a las parejas a hacer el Examen de influencias familiares como cónyuges y a debatir juntos sus respuestas. Comenten en grupo.

A PRUEBA DE INCENDIOS (5 MIN.)

Las parejas pudieran escribir sus compromisos (acróstico AMAR) de uno para el otro basadas en lo que esperan aplicar de esta sesión.

Anuncie los planes para la sesión final.

LECTURAS DE EL DESAFÍO DEL AMOR

Anime a las parejas a comenzar a orar unos por otros todos los días, si es que ya no lo hacen. Lleve la atención a los Apéndices 1 y 3 de *El desafío del amor* para ofrecer contenido adicional para esta sesión.

Sesión 8

Use el día 40 para su preparación. Tal vez usted deba conceder más tiempo para esa sesión. Reúna por adelantado los artículos para la sección Prepárese.

ENCIENDA (10 MINUTOS)

Prepárese para hablar de algunas reglas que se han desarrollado con el tiempo en su matrimonio. Si fuera divertido, cuente una historia pero mantenga al grupo enfocado.

REVISIÓN DE EL DESAFÍO DEL AMOR (5 MINUTOS)

Para hacer la revisión, utilice las preguntas de la **actividad 2** y las "Verdades poderosas de E*l desafío del amor*". Permita a algunas parejas que hablen de su desafío más significativo.

PREPÁRESE (20 MINUTOS)

Traiga una foto de boda y un documento legal. Hable brevemente sobre cómo difieren esos documentos. Pase a las diferencias entre contrato y pacto, incluyendo los pactos bíblicos.

Use el **fragmento 10** y la **actividad 5** para examinar la diferencia que Dios constituye en nuestros matrimonios. Involucre a las parejas en examinar el impacto y los beneficios que tiene para toda la vida un pacto matrimonial (**actividades 6-9**).

EXTINCIÓN DE INCENDIOS (15 MIN.)

Utilice la **actividad 7, tercera parte** y la **actividad 10** para ayudar a las parejas a hacer aplicaciones a la vida diaria. **Variante:** Invite a las parejas a escribir los Diez Mandamientos para su matrimonio, a construir un cerco de protección alrededor del mismo. Al igual que los Diez Mandamientos bíblicos, algunas afirmaciones deben referirse a su relación con Dios. Otras afirmaciones deben centrarse en su relación entre sí y con otras personas.

A PRUEBA DE INCENDIOS (10 MIN.)

Pida a las personas que desarrollen su acróstico de AMAR tanto a manera de compromiso como de un plan de acción. Invite a las personas, parejas o subgrupos a hablar de algunos de los compromisos con todo el grupo. Pida al grupo que siga orando por cada uno y que sigan apoyándose.

Prepare a su grupo para la increíble experiencia de reafirmar el pacto matrimonial que se ha planificado (esperemos que sea el próximo domingo). Explique: *Esta actividad no solo será significativa para aquellos que van a renovar sus votos, sino que también será un testimonio poderoso para aquellos que lo presencien.*

LECTURAS DE EL DESAFÍO DEL AMOR

Anime: *Como Caleb, no se detenga ahora, ya que algunos de los desafíos más enriquecedores vienen después de esta sesión con los desafíos del amor del 36 al 40.*

Celebre las amistades que ha hecho y los pasos que ha dado. Manténganse en contacto unos con otros o ayúdense a mantenerse responsable para fortalecer su matrimonio. Muestre su disposición a permanecer siendo parte de sus vidas.